벌레야, 하룻밤만 재워 줘

알면 알수록 신기한 곤충 세계

보리 글

보리출판사는 아이들에게 우리의 좋은 것을 주고자, 우리 자연의 아름다움과 우리 땅에 사는 동식물, 겨레의 기초 살림살이를 보여 주는 그림책과 도감을 내고 있습니다. 또한 겨레의 이야기와 노래를 책으로 담아내며, 아이들이 표현해 낸 글과 그림을 엮어 아이들에게 좋은 읽을거리를 주고, 교육의 새로운 길을 열어 가는 책을 내고 있습니다.

권정선 그림

경기도에 있는 작은 시골 마을에서 태어나 뒷산을 앞마당처럼 뛰어다니고 심심할 땐 큰 나무에 올라 동네를 내려다보기도 했어요. 초등학교를 다니면서 도시 생활을 했지만, 어린 시절 자연에서 지냈던 일들이 보석처럼 기억에 남아 있어요. 대학에 들어가 동양화를 공부했고, 지금껏 어린이 책에 그림을 그려 왔어요. 그동안 그린 책으로 《바람이 불면》《참나무는 참 좋다!》《억새밭에 둥지 짓는 풀목수, 멧밭쥐》《산타는 없다》《할머니의 마지막 손님》《아버지의 눈》들이 있어요.

김태우 감수

김태우 선생님은 성신여자대학교 생물학 박사 과정을 마치고 환경부 국립생물자원관에서 일하고 있어요. 어린이들이 곤충과 사이좋게 지내기를 바라는 마음에서 곤충에 대한 책을 여럿 썼어요. 그동안 쓴 책으로 〈우리 집에 왜 왔니?〉(모두 2권)《재미있는 곤충 이야기》《꼬물꼬물 곤충 친구를 만나요》《놀라운 벌레 세상》《세밀화로 그린 보리 어린이 곤충 도감》들이 있어요.

일러두기

1. 이 책은 우리 나라에서 쉽게 찾아볼 수 있는 벌레 31종을 주로 담았습니다.
2. 본문에 나오는 '벌레'는 곤충을 비롯하여, 절지동물과 환형동물 같은 작은 동물들을 통틀어 일렀습니다.
3. 본문에 나오는 벌레 이름과 생태 정보는 《세밀화로 그린 보리 어린이 곤충 도감》《세밀화로 그린 보리 큰도감 동물 도감》 《세밀화로 그린 보리 어린이 잠자리 도감》《곤충 개념 도감》《조영권이 들려주는 참 쉬운 곤충 이야기》들을 참고했습니다. 인용한 곳마다 일일이 참고한 책을 표시하지는 않았습니다.
4. 벌레를 쉽게 찾아볼 수 있게 '가나다로 찾아보기'를 두었으며, 초등학교 과학 교과서와 연계되는 내용은 '교과서와 함께 보기'에서 찾아볼 수 있습니다.

벌레야, 하룻밤만 재워 줘

알면 알수록 신기한 곤충 세계

보리 글 | 권정선 그림 | 김태우 감수

보리

작가의 말
작고 소중한 생명들이 소곤대는 이야기를 들어 봐

권정선

어렸을 때, 방학이 되면 이 책에 나오는 주인공 하루처럼 시골 할머니 집에 머물며 지냈어. 거기서 잠자리를 키우겠다고, 잡아서 성냥갑 속에 가두었다가 할머니한테 꾸지람 들은 적도 있었지. 생각해 보면 내가 했던 짓들이 하루랑 비슷한 것 같아. 그래서인지 몰라도 하루 모습이나 표정이 언뜻언뜻 나랑 참 닮았다는 생각이 들곤 해. 하루 할머니는 참빗으로 머리카락을 곱게 빗어 비녀를 꽂고 옥색 치마를 입으시던 우리 할머니를 생각하며 그렸어. 《벌레야, 하룻밤만 재워 줘》에 그림을 그리는 동안, 흐릿해진 어린 시절 기억들이 하나하나 떠오르며 참 소중한 시간을 보낼 수 있었어.

계절이 여러 번 바뀌는 동안 하루랑 함께 많은 벌레 친구들을 만났어. 사실, 그 전에는 그림을 그리면서도 작은 벌레들에는 관심이 없었어. 아까도 말했듯 나도 어릴 적에는 벌레가 징그럽다면서 발로 밟아 죽이기도 하고 개미를 나뭇잎 배에 태워 긴 항해를 시키기도 했으니까 말이야. 나는 아무렇지 않게 장난으로 그런 것이지만, 개미한테는 목숨이 달린 위기였을 거야. 부끄럽게도, 벌레 세상이 인간 세상과 다름없다는 사실을 알게 된 지는 얼마 안 돼.

하루가 괴롭혔던 벌레들을 만나 친구가 되어 가는 과정은 나에게도 잊고 있던 작은 생명들을 찾아볼 수 있게 해 주었어. 땅속에, 풀밭에, 물속에 사는 벌레들은 우리가 조금만 몸을 낮추고 찾아보면 쉽게 만날 수 있어. 풀잎 뒤에 숨어 있는 노린재나 비 오는 날 산책 나온 지렁이를 만나면 이웃을 만난 듯 반가울 거야.

작고 소중한 생명들이 얼마나 많은 이야기들을 들려줄지 기대되지 않니? 거리에 뒹구는 나뭇잎을 들여다봐. 뒷산 오르는 길 바위 아래를 봐. 아주 조그마한 하루랑 구리랑 사슴이를 만날 지도 몰라. 하루와 함께 떠난 길에서 친구들도 만나고 싶어.

추천하는 글
곤충과 함께 자연 대모험을 떠나 봐요

김태우(국립생물자원관 동물자원과 연구사, 감수)

내가 어렸을 적에는 여름방학 때 곤충채집 숙제가 있어서 산으로 들로 자주 나갔어요. 그때는 우리 둘레 가까이서 사슴벌레, 반딧불이, 소똥구리, 하늘소 같은 곤충을 볼 수 있었지요. 때때로 곤충을 잡아서 표본으로 만드는 숙제도 있었는데, 그때는 어떻게 죽여야 하는지를 몰라서 살아 있는 그대로 마분지에다 테이프로 붙여 저절로 죽기만 기다렸어요. 개학할 때가 되어 숙제를 꺼내 보니, 곤충이 다리를 뗀 채 말라 죽었거나 힘이 센 녀석은 탈출하여 사라져 버렸습니다. 그렇게 직접 곤충을 관찰하고 기르고 하던 일이 쌓이고 쌓여 곤충을 잘 알게 되었지요.

이번에 책으로 만나게 된 곤충과 떠나는 자연 대모험은 상상만 해도 신나는 일이지요. 곤충 크기로 작아져 높은 나무 위를 훨훨 날아다니다 물속으로 풍덩 빠져 물속 곤충 세계를 탐험하고, 또 어두운 땅속 세계를 누비며 곤충 친구 사슴벌레와 이야기를 나눌 수 있다니, 곤충 시인으로 유명한 파브르가 죽기 전까지 소망하던 일이 일어난 것만 같아요.

사람들은 곤충이 크기가 작고 보잘 것 없다는 생각에 큰 관심을 두지 않는 것 같습니다. 오히려 음식에 꼬이거나 농작물을 해치고 사람을 문다는 까닭으로 귀찮아해요. 그런데 만약 사람이 주인공 하루처럼 아주 작아져서 곤충을 만나게 된다면 어떨까요? 아마 곤충을 무시하지 못할 거예요. 커다란 곤충에 깜짝 놀라 슬슬 피해 다니거나 곤충 세계에서 무사히 살아남을 방법을 찾기 위해 온갖 애를 쓸 거예요. 어떻게 보면 곤충들이 보기에 작은 사람은 한낱 두발벌레에 불과할지도 몰라요.

자연과 멀어지면서 우리는 둘레의 곤충들이 어떻게 살아가는지 잘 모르고 있어요. 그렇지만 곤충의 삶을 하나하나 들여다보고 알게 되면 애니메이션보다 재미있는 자연의 신비에 놀라게 돼요. 곤충마다 살아가는 이유와 방식이 있다는 점도 깨닫게 되고요. 곤충을 잘 알게 되면 곤충들을 막연히 싫어하거나 괴롭히는 일도 줄어들 거예요.

꿈속에서 커다란 벌레를 만나는 꿈은 길몽이라고 하지요. 또 고치를 뚫고 애벌레가 어른 곤충이 되어 나오는 것도 소원이 이루어지는 아주 좋은 꿈이라고 합니다. 나도 오늘 이 책을 보다 스르르 잠이 들어 곤충 세계로 모험을 떠나고 싶습니다.

차례

작가의 말 작고 소중한 생명들이 소곤대는 이야기를 들어 봐 | 권정선 • 4
추천하는 글 곤충과 함께 자연 대모험을 떠나 봐요 | 김태우 • 5
들어가는 이야기 • 8
하룻밤을 함께 지새는 친구들 • 10

1장 별별 재주가 있는 벌레들

꼬물꼬물 무리 지어 사는 **개미** • 12
번쩍번쩍한 갑옷을 입은 **사슴벌레** • 18
끈적끈적 줄 타기 명수 **거미** • 22
달콤한 꿀을 모아 먹고 사는 **벌** • 26
물속 수영 대장 **물방개** • 30
뚝딱뚝딱 집짓기 선수 **날도래** • 34
날개로 노래하는 숲속 노래꾼 **귀뚜라미** • 38
냄새로 적을 내쫓는 **무당벌레** • 42
하루랑 함께 알아보자 1 곤충, 넌 누구니? • 46

2장 알면 알수록 신기한 벌레들

꼭꼭 숨어 겨울나는 **벌레** • 48
무엇이든 다 먹어 치우는 **꼽등이** • 52
팔랑팔랑 날갯짓하는 **나비** • 56
떼굴떼굴 똥 구슬을 나르는 **소똥구리** • 60
어두컴컴한 땅속에 사는 **지렁이** • 64
술술 실을 뱉어 고치를 만드는 **누에** • 68
깜박깜박 한여름 밤을 비추는 **반딧불이** • 72
여름내 노래하는 숲속 목청꾼 **매미** • 76
닥치는 대로 먹는 먹보 **사마귀** • 80
하루랑 함께 알아보자 2 곤충의 한살이 • 84

3장
우리 둘레에서 쉽게 보는 벌레들

풀쩍풀쩍 들판의 뜀뛰기 선수 **메뚜기** • 86
노린내가 폴폴 냄새 대장 **노린재** • 90
꼬물꼬물 여러 모습으로 사는 **애벌레** • 94
축축하고 어두운 곳에 나타나는 **바퀴** • 102
가지각색 개성만점 **딱정벌레** • 106
산들산들 하늘을 나는 **잠자리** • 110
날카로운 큰턱을 지닌 **하늘소** • 114
뾰족한 주둥이로 피를 빠는 **모기** • 118

뒷이야기 하루, 집으로! • 122
책 속 부록 1 꼬물꼬물 벌레 지식 종줄동 • 126
책 속 부록 2 교과서와 함께 보기 • 132
책 속 부록 3 가나다로 찾아보기 • 134

하룻밤을 함께 지새는 친구들

내 이름은 하루야. 갑자기 내 몸이 콩알만큼 작아졌어. 벌레들이 우글우글한 여기서 빠져나와 집으로 돌아가고 싶어!

내 이름은 구리야. 나는 '소똥구리'야. '두발벌레' 하루가 길을 잃었다고 해서 집을 찾아 줄 거야.

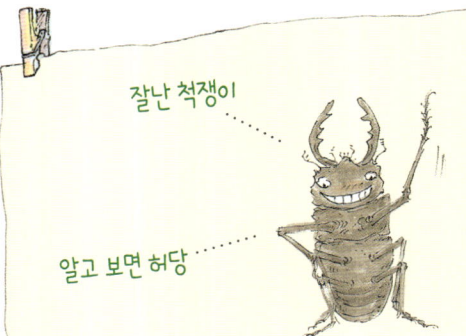

내 이름은 사슴이야. '사슴벌레'지. '두발벌레' 하루랑 '소똥구리' 구리가 내 가장 친한 친구야. 이 두 녀석이랑 벌레 세계를 모험할 생각하니 벌써부터 걱정돼!

1장
별별 재주가 있는 벌레들

- 개미
- 사슴벌레
- 거미
- 벌
- 물방개
- 날도래
- 귀뚜라미
- 무당벌레

개미지옥을 만드는 개미귀신

개미귀신은 배를 쟁기처럼 써서 굴을 파.
굴을 파면서 나온 흙은 머리에 얹어서 밖으로 빼내지.
깔때기 모양으로 판 굴에 머리만 내밀고 있다가
벌레가 빠지면 큰턱으로 물어서 즙을 빨아 먹어.

땅 달리기 선수 길앞잡이

길앞잡이는 봄이나 여름 산이나 논밭 둘레에서 볼 수 있어. 땅 위를 빠르게 뛰어다니거나 날아다니며 작은 벌레들을 잡아먹지. 부드러운 흙에 알을 낳는데, 알에서 깨어난 애벌레들은 수직으로 굴을 파서 지나가는 벌레를 잡아먹어. 어른벌레가 되어도 번데기 때 만들었던 흙 고치에 한동안 머물며 겨울을 난대.

명주잠자리가 그렇게 무서운 벌레였다니!
이런 무시무시한 벌레들을 피해서
무사히 집에 갈 수 있을까?

🪲 사슴벌레의 한살이

옛날옛날에 나는 알이었어.
엄마는 알을 딱 하나만 낳아서 형제가 없어.

나는 알에서 깨어난 뒤 썩은 나무를 먹으면서 무럭무럭 자랐어.

허물을 벗느라 얼마나 힘들었다고.
게다가 한 번도 아니고 세 번이나 벗는걸.

번데기가 되었어. 이제 이 허물만 벗으면 드디어 나무 밖으로 나가는 거야.

이렇게 멋지게 바뀌려고 3년이나 나무속에 있었어. 너희 내 말 듣고 있는 거야?

하루야, 밖에서 이상한 소리가 들려!

그 잘난 척 벌레는 어디 간 거야?

끈적끈적 줄 타기 명수

거미

흔히 거미를 곤충으로 알고 있지만, 거미는
곤충이 아니라 두 마디 몸에 다리 여덟 개로 이루어진
절지동물이야. 거미는 몸에서 실을 뽑아내는데,
이 실은 배 꽁무니에 있는 거미줄 돌기에서 나오지.
거미줄은 거미가 옮겨 다닐 때도 쓰고,
집을 지을 때도 쓰고, 알을 싸서 보호할 때도 써.
거미줄로 만든 그물에 걸리면 아무리 큰 곤충이라도
빠져나오지 못해.

거미는 집 짓기 명수

하늘에 지은 집들을 모아 봤어! 호랑거미, 울도응달거미, 긴호랑거미가 멋진 집을 지었지. 어때? 멋지지?

호랑거미관

울도응달거미관

긴호랑거미관

우와, 신기하게 생긴 거미집이야.

긴호랑거미가 짠 거미집을 봐. 저걸 활짝 핀 꽃으로 착각하는 벌레도 있대.

사립문거미와 문닫이거미는 땅속에 거미굴을 판 다음 땅굴 벽에 거미줄을 발라서 집을 마무리 지어. 이 거미들은 다른 거미들보다 실을 적게 가지고 있거든.

이 거미들은 우리 나라에선 잘 볼 수 없대.

사립문거미관

문닫이거미관

달콤한 꿀을 모아 먹고 사는 벌

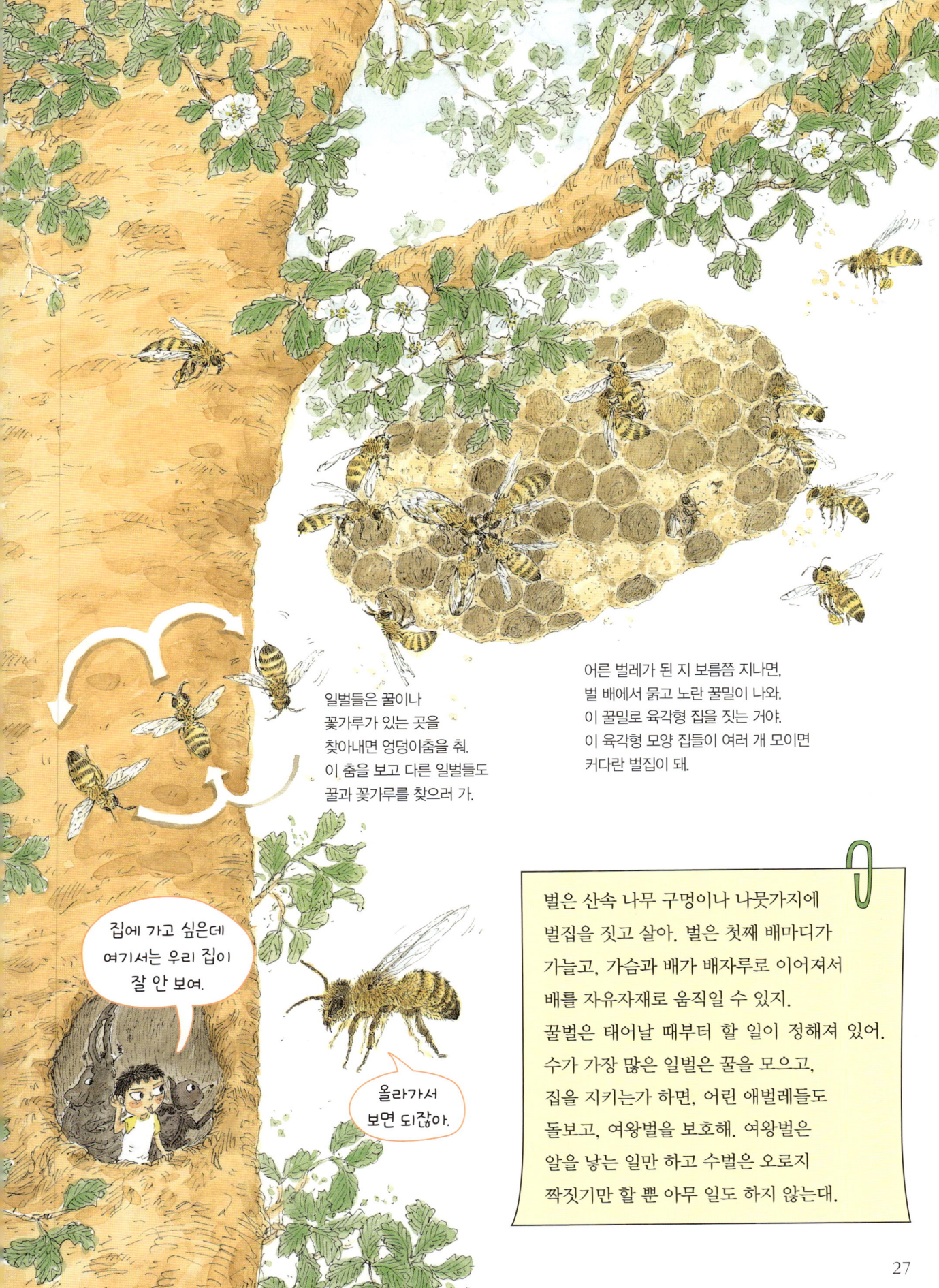

일벌들은 꿀이나 꽃가루가 있는 곳을 찾아내면 엉덩이춤을 춰. 이 춤을 보고 다른 일벌들도 꿀과 꽃가루를 찾으러 가.

어른 벌레가 된 지 보름쯤 지나면, 벌 배에서 묽고 노란 꿀밀이 나와. 이 꿀밀로 육각형 집을 짓는 거야. 이 육각형 모양 집들이 여러 개 모이면 커다란 벌집이 돼.

집에 가고 싶은데 여기서는 우리 집이 잘 안 보여.

올라가서 보면 되잖아.

벌은 산속 나무 구멍이나 나뭇가지에 벌집을 짓고 살아. 벌은 첫째 배마디가 가늘고, 가슴과 배가 배자루로 이어져서 배를 자유자재로 움직일 수 있지. 꿀벌은 태어날 때부터 할 일이 정해져 있어. 수가 가장 많은 일벌은 꿀을 모으고, 집을 지키는가 하면, 어린 애벌레들도 돌보고, 여왕벌을 보호해. 여왕벌은 알을 낳는 일만 하고 수벌은 오로지 짝짓기만 할 뿐 아무 일도 하지 않는대.

붕, 부웅! 하늘을 나는 벌이 되기까지

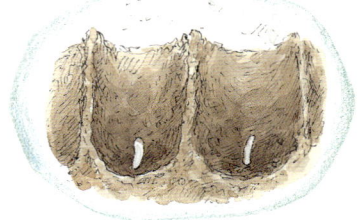

여왕벌이 벌집 하나하나마다 알을 낳아.

알에서 깨어난 애벌레는 3일 동안 로열젤리를 먹고 살아. 3일 뒤에도 계속 로열젤리를 먹으면 여왕벌이 되지. 5일이 지나면 일벌이 방 뚜껑을 닫아.

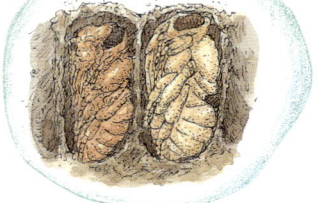

방 안에서 자란 애벌레는 번데기가 돼. 눈, 다리, 날개가 차례대로 생기지.

다 자라면 뚜껑을 뚫고 나와. 일벌은 다 자라는 데 21일 정도 걸린대.

꿀벌의 천적 말벌

벌집에는 보통 3만 마리에서 5만 마리나 되는 꿀벌들이 살아. 그런데 말벌 다섯 마리만 오면 이렇게 많은 꿀벌들을 한꺼번에 죽일 수 있어. 그만큼 말벌들은 꿀벌들한테는 무시무시한 적이야. 하지만 꿀벌들도 말벌을 막는 방법이 있어. 말벌 한 마리를 여러 꿀벌들이 빼곡히 둘러싸고 몸을 부르르 떠는 거야. 여러 마리 꿀벌들이 몸을 떨면 온도가 차츰 올라가거든. 그러면 말벌이 뜨거워져서 죽고 말아.

어떡해, 너무너무 무서워.
만약에 꿀벌들이 말벌들한테
죄다 잡아먹히면 난 어떡하지?
할머니, 나 이제 떼쓰지 않을 거니까
와서 나 좀 데려가!

물속을 헤엄치는 물방개가 되기까지

어미 물방개가 물풀에 알을 낳아. 2주가 지나면 깨어나지.

처음 깨어난 애벌레를 1령 애벌레라고 불러. 애벌레는 깔따구 애벌레나 잠자리 애벌레(수채)를 잡아먹어.

40일쯤 지나면 허물을 두 번 벗고 3령 애벌레가 돼.

물 밖으로 나가서 땅속에 번데기 방을 만들어.

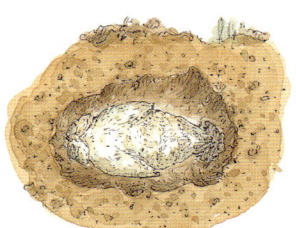

2주 동안 번데기 방에서 지내면 등 뒤에 날개가 돋아.

땅속에서 나오면 비로소 물속을 힘차게 헤엄치는 어른 물방개가 돼.

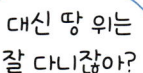

날도래를 도와서 물벌을 막아 줘!

어른벌레가 되려면
돌 옆에 집을 딱 붙여야 해.

그런데 집을 붙일 때가 아주 위험해.
물벌이 내 집에 침을 꽂으려고
다가오거든.

그러니 내가 집을 붙일 동안
네가 나를 지켜 줘!

집 도둑 물벌

물벌은 맑은 물 가까이에서 사는 벌이야.
물속으로 잠수할 수도 있지.
물벌은 알을 낳을 때가 되면
번데기가 되려는 가시날도래를 찾아.
가시날도래가 돌 옆에 집을 딱 붙이려는
순간 날도래 집에 관을 꽂아서
자기 알을 집어넣는 거야. 알에서 깨어난
물벌 애벌레는 가시날도래 애벌레를
갉아 먹으면서 자라.
날도래 애벌레 수가 적으면
물벌끼리 날도래 애벌레를 두고
다툴 때도 있다니, 정말 무섭지?

내가 물벌을 막을 수 있을까?
하지만 도망가 버리면
친구들을 찾을 수가 없잖아.
구리랑 사슴이는 왜
나를 찾으러 오지 않는거야!

수컷 귀뚜라미는 소문난 숲속 노래꾼

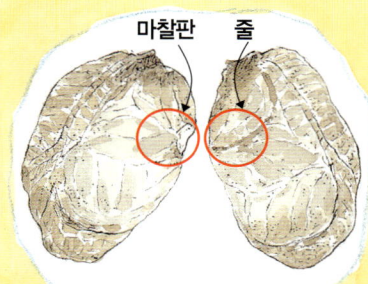

왼쪽 앞날개 바깥쪽에는 마찰판이 있고, 수컷 귀뚜라미의 오른쪽 앞날개 안쪽에는 오톨도톨한 줄이 있어.

날개를 포개고 쓱싹쓱싹 비비면 줄과 마찰판이 맞부딪혀서 울음소리가 나.

귀뚜라미 양쪽 앞다리 구부러진 데에 고막이 있어. 암컷은 그 고막으로 수컷의 울음소리를 들을 수 있지.

가을은 귀뚜라미의 짝짓기 철!

가을이 되면 암컷 귀뚜라미가 수컷의 울음소리를 듣고 찾아와.

맘에 드는 짝을 만나 짝짓기를 하지.

암컷은 바늘처럼 생긴 관을 땅속에 박고 알을 낳아.

알로 겨울을 나고 다음 해 5월이면 땅 위로 애벌레가 되어서 나와.

아직 집을 찾진 못했지만 이렇게 친구들을 다시 만나서 귀뚜라미 노래까지 들으니 괜찮네 뭐. 오늘만큼은 잠이 솔솔 잘 올 것 같아.

냄새로 적을 내쫓는 무당벌레

무당벌레는 진딧물의 천적

칠성무당벌레 같은 육식성 무당벌레는 큰턱으로 진딧물을 통째로 삼켜 와작와작 씹어 먹어. 하루에 2백 마리나 잡아먹지.

진딧물이 잡아먹힐 위기에 놓이면 개미가 나타나 무당벌레를 막아 줘. 개미는 진딧물한테서 단물을 얻어먹고 살거든.

무당벌레는 개미한테 밀리면 벌렁 누워서 노란 액체를 뿜어내. 노란 액체는 고약한 냄새와 쓴맛을 내서 개미가 더 이상 못 다가가.

무당벌레들은 무리 지어 겨울을 나

11월이 되면 무당벌레들은 떼 지어 산꼭대기나 큰 바위처럼 높은 곳으로 가. 무리가 모두 모이면 둘레에 있는 바위 밑이나 바위 틈, 나무껍질 속이나 낙엽 밑에서 겨울을 나지.
겨울이라도 온도가 올라가 따뜻할 때는 풀잎이나 나뭇잎 위로 햇볕을 쬐러 나와.

다들 겨울잠을 잔대.
난 이제 어쩌지?
땅속은 컴컴하고
나무는 너무 높아서 무서운데…….
혼자서라도 집을 찾아봐야 하나?

하루랑 함께 알아보자 1

곤충, 넌 누구니?

곤충 세계로 들어가게 된 하루. 근데, 곤충이 뭔지 모르겠어.
도대체 곤충이 뭐야? 다른 동물이랑 어떤 다른 점이 있을까?

1 사람이나 개, 물고기 같은 동물은 중심 뼈인 척추가 있고 곤충은 척추가 없어.

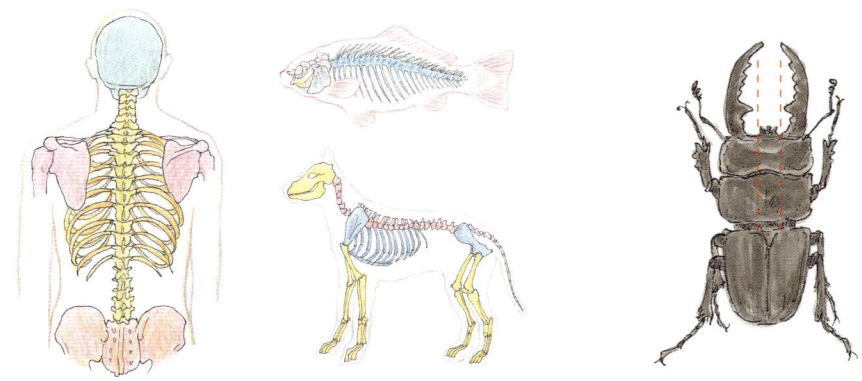

2 곤충은 다리가 마디로 이루어져 있고, 몸이 머리, 가슴, 배로 뚜렷이 나뉘어.

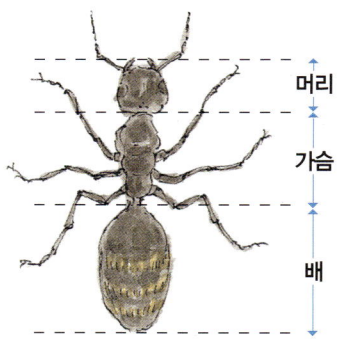

3 몸이 단단한 뼈로 둘러싸여 있는데, 살이 찌면서 몸이 자라거든.
그래서 몸이 바깥 뼈를 터뜨리며 허물벗기를 해서 자라나.

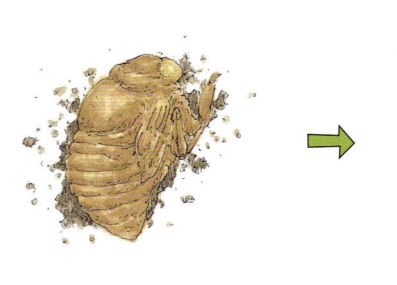 

2장
알면 알수록 신기한 벌레들

- 겨울나는 벌레
- 꼽등이
- 나비
- 소똥구리
- 지렁이
- 누에
- 반딧불이
- 매미
- 사마귀

# 꼭꼭 숨어 겨울나는 벌레

벌레들은 여러 모습으로 겨울을 나

알

왕사마귀 알

귀뚜라미 알

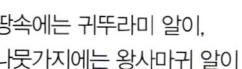

땅속에는 귀뚜라미 알이, 나뭇가지에는 왕사마귀 알이 겨울을 나고 있어.

애벌레

하늘소 애벌레

사슴벌레 애벌레

나무껍질 밑에는 하늘소 애벌레랑 사슴벌레 애벌레가 겨울을 나지.

번데기

노랑쐐기나방 고치

배추흰나비 번데기

배추흰나비나 호랑나비는 번데기로, 노랑쐐기나방 번데기는 고치 속에서 겨울을 나.

어른벌레

말벌

네발나비

말벌이나 네발나비처럼 어른벌레로 겨울을 나기도 한단다.

겨울이라고 잠만 자는 건 아니야!

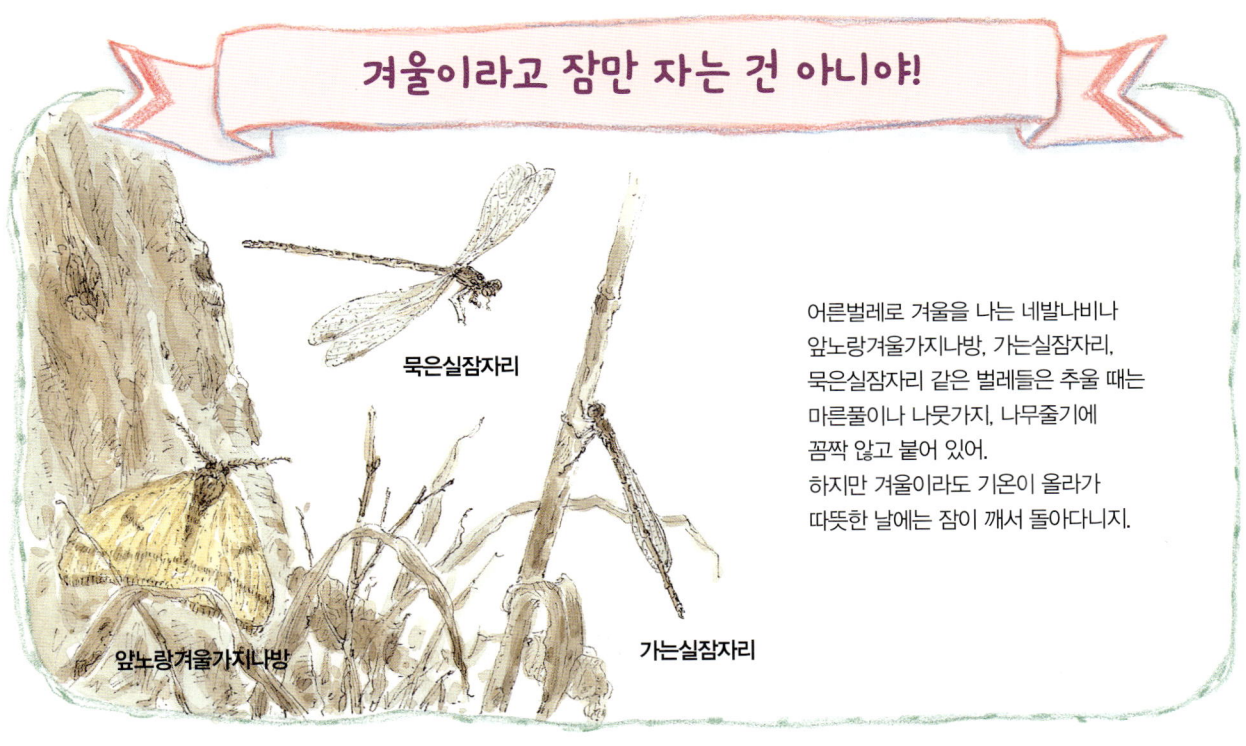

어른벌레로 겨울을 나는 네발나비나 앞노랑겨울가지나방, 가는실잠자리, 묵은실잠자리 같은 벌레들은 추울 때는 마른풀이나 나뭇가지, 나무줄기에 꼼짝 않고 붙어 있어.
하지만 겨울이라도 기온이 올라가 따뜻한 날에는 잠이 깨서 돌아다니지.

내가 말도 없이 사라져서 구리가 걱정하겠네. 그나저나 묵은실잠자리가 우리 할머니 집을 잘 찾아갈 수 있을까?

무엇이든 다 먹어 치우는 꼽등이

꼽등이랑 귀뚜라미는 달라

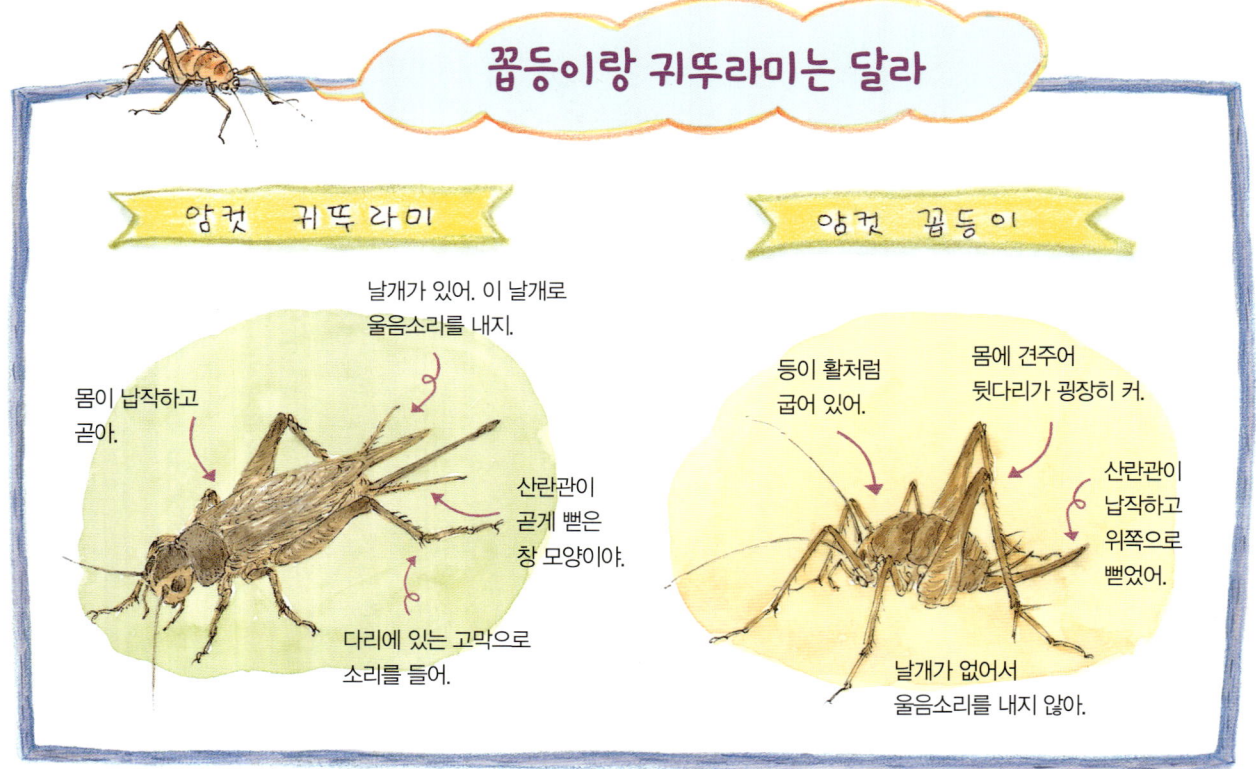

꼽등이를 조종하는 무시무시한 연가시

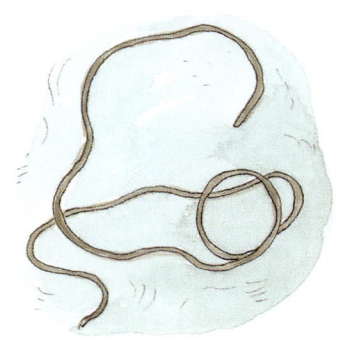

연가시는 물에 사는 기생벌레야.
물 위에 작은 알로 떠 있다가
메뚜기, 여치, 땅강아지 같은 벌레가
그 물을 먹으면 벌레 몸속으로 들어가.

몸속에 연가시가 든
죽은 벌레를 꼽등이가 먹으면,
벌레 속에 있던 연가시가
꼽등이 몸속으로 들어가.

연가시는 꼽등이 몸속에서 자라면서
꼽등이를 맘대로 조종해. 늦가을이면
꼽등이가 물속에 뛰어들어 죽게
만든 뒤, 꼽등이 몸속에서 빠져나가.

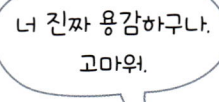

꼽등이는 바보야.
아무거나 먹어 치우니
몸속에 연가시까지 들어가서 탈 나지.
아무래도 여긴 할머니 집이 아닌가 봐.
얼른 나가야겠어.

팔랑팔랑 날갯짓하는 나비

떼굴떼굴 똥 구슬을 나르는 쇠똥구리

소똥구리한테 똥 구슬은 정말 소중해!

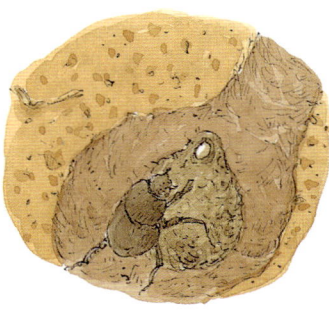

소똥구리는 소똥이나 말똥을 먹고 살아. 하지만 그냥 먹는 게 아니야. 먼저, 톱니 달린 앞다리로 똥을 빚어서 호두알만 한 똥 구슬을 만들어.

똥 구슬을 보관해 두고 먹으려고 미리 파 두었던 땅굴로 가져가. 중간에 다른 소똥구리가 와서 똥 구슬을 가로채려다 싸움이 나기도 해.

땅굴에 똥 구슬을 무사히 가져다 놓으면, 암컷 소똥구리가 똥 구슬 한쪽을 튀어나오게 만들어. 그다음 거기다 산란관을 꽂고 알을 낳지. 알에서 깬 애벌레는 똥 구슬을 먹고 자라.

자연에서 자란 소 똥이 맛있어!

소똥구리는 아무 똥이나 먹지 않아. 자연에서 난 풀을 먹은 초식동물이 눈 똥을 먹어. 거무스름하고 두툼한 똥은 하루쯤 지나면 꾸덕꾸덕해져서 구슬을 빚기가 좋아. 또 섬유질이 많아서 소똥구리들이 먹기도 좋지. 우리에 가둬 사료를 먹인 동물의 똥은 영양분이 적어서 소똥구리들이 먹지 않아. 사료에는 항생제가 들어 있어서 그 사료를 먹은 동물이 눈 똥을 소똥구리가 먹고 죽기도 하지. 그래서 이제는 소똥구리를 보기가 참 어려워.

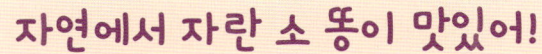

소똥구리들이 똥을 구하기 어렵다는데
구리를 데려가도 될까?
괜히 미안한 마음이 들어.
구리야, 걱정 마. 네가 좋아하는
맛나고 구수한 똥 많이많이 찾아 줄게.
똥 냄새 따윈 하나도 걱정 안 된다, 뭐.

어두컴컴한 땅속에 사는 지렁이

지렁이는 어두컴컴하고 축축한 땅속에 살면서 땅을 기름지게 만들어. 지렁이는 몸을 가늘게 했다 굵게 했다 하면서 입으로 흙을 파먹고, 꽁무니로 흙을 내보내며 땅굴을 파지. 지렁이는 눈이 없어. 어두컴컴한 땅속에서 지내기 때문에 눈이 필요 없거든. 대신 피부에 닿는 감촉으로 모든 걸 알 수 있지. 지렁이는 밤이나 비오는 날, 흐린 날에 땅 위로 올라와 먹이를 찾으러 돌아다녀. 그렇게 먹이를 모아서 땅굴에다 쌓아 놓고 두고두고 먹는단다.

똥으로 좋은 땅을 일구는 지렁이

내 똥은 땅의 보물이야.

지렁이는 썩는 것은 뭐든 다 먹을 수 있어. 나뭇잎, 동물 똥, 음식 쓰레기, 종이까지 가리지 않고 잘 먹어.

지렁이는 이빨이 없어서, 먹이를 먹을 때 흙이나 모래도 같이 입으로 빨아들여. 흙, 모래는 모래주머니 안에서 먹이를 잘게 부수어서 소화를 돕지.

다 소화되지 않은 먹이랑 흙, 모래가 섞인 똥을 꽁무니로 내보내. 보통 먹은 양의 절반쯤을 똥으로 눠.

지렁이 똥은 알갱이들이 한데 모여 덩어리를 이룬 거라 공기랑 물이 잘 통해. 또 영양이 풍부해서 땅속 생물도 살기 좋고 식물도 잘 자라.

뽕잎 먹고 훌훌 허물 벗는 누에

누에는 뽕잎을 먹고 살아. 뽕잎을 먹으면 하루가 다르게 몸이 커져서 껍질이 몸에 맞지 않게 돼.

누에 몸에 새 껍질이 만들어지면 허물을 벗는데, 그 전에 윗몸을 들고 잠을 자. 윗몸을 높이 쳐들고 잘수록 건강한 누에야.

누에는 번데기로 나기 전까지 허물을 여러 번 벗어. 세 번째 허물을 벗을 때는 머리도 새로 나. 허물을 네 번 벗으면 고치를 짓기 시작해.

실로 만든 고치 속에서 누에나방으로 변신!

누에가 고치를 만들 때가 되면, 입에서 실을 뱉어 내. 먼저 고치를 받치는 실 발판을 만들고는, 머리로 8자를 그리며 실을 뱉어 내.

누에가 머리를 이리저리 흔들며 실을 안으로 감아 들이면 실이 누에 몸을 둘러싸. 이렇게 이틀 정도 실을 감싸면 고치가 만들어져. 실 한 오라기는 1,000~1,500미터나 돼.

누에는 고치 안에서 번데기로 2주일 정도 지내면서 서서히 어른벌레가 돼. 그리고는 고치를 뚫고 나오지. 어른벌레인 누에나방은 날개가 있지만 배가 날개보다 커서 잘 날지 못해.

큰일이야! 여기서 나갈 수가 없어. 이대로 영영 갇히면 어떡하지? 구리야! 아니, 누구든 나 좀 여기서 꺼내 줘!

반딧불이는 빛으로 말해!

수컷   **암컷**

반딧불이는 꽁무니에서 빛이 나. 몸속에 있는 효소가 반딧불이가 들이마시는 산소랑 만나서 빛을 내는 거야. 수컷은 마디 두 개에서, 암컷은 마디 한 개에서 빛을 내니까 수컷의 빛이 더 밝아.

애반딧불이

운문산반딧불이

늦반딧불이

반딧불이는 종마다 빛의 세기나 깜박이는 길이, 색깔이 달라. 그래서 한 장소에 여러 종이 있어도 같은 종끼리 서로 빛을 주고받으며 말할 수 있어.

수컷 반딧불이와 암컷 반딧불이가 짝짓기할 때 빛을 내어 짝을 불러. 종마다 빛의 세기를 달리 하거나, 짧거나 길게 깜박이며 자기 짝이 알아볼 수 있게 하는 거야.

어른벌레가 되면 이슬만 먹어!

반딧불이가 애벌레 때는 먹이를 사냥해서 먹어. 냇가나 논에 사는 애반딧불이 애벌레는 다슬기나 물달팽이를 먹고, 땅 위에 사는 늦반딧불이 애벌레는 달팽이를 잡아먹지.

왕성한 식욕을 뽐내던 애벌레가 어른벌레가 되면 거의 먹지 않고 살아. 기껏해야 잎에 맺힌 물방울만 조금 먹을 뿐이야. 애벌레였을 때 먹은 양분이 몸속에 많이 남아 있어서, 거의 안 먹고도 살 수 있어.

큰일이야.
사람 거인한테 잡혀 버렸어!
이렇게 병 속에
평생 갇혀 사는 거야?
으 끔찍해!

매미는 울음주머니에서 소리를 내

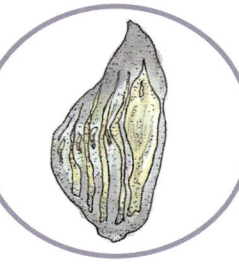

매미 배에는 울음주머니가 한 쌍 있어.
매미는 소리를 낼 때 배를 늘렸다 줄였다 하며 이 울음주머니를 울리게 해.
이때 배 근육이 1초에 3백 번에서 4백 번 움직이지.
어때, 이렇게 빠르게 수백 번 울리니 소리가 우렁찰 수밖에 없겠지?

사마귀가 매미를 덥석 물었어!
얼른 도망가야 해.
하지만 나 혼자 도망가면
매미는 죽잖아.
그렇다고 사나운 사마귀한테
덤빌 수도 없고······.
어휴! 난 정말 어떻게 해야 해!

나야말로. 네 덕분에 살았어.

구해 줘서 고마워.

사마귀는 나무나 풀밭에 살아. 커다란 겹눈이 달린 세모꼴 머리에 가시가 잔뜩 돋은 날카로운 앞다리를 들고 어기적어기적 걷는 모습이 마치 풀숲의 귀신 같아.
생김새만 무서운 게 아니야. 사마귀는 자기 몸집보다 작은 벌레가 움직이는 걸 보면 낫처럼 생긴 앞다리로 낚아채서 아작아작 씹어 먹거든.
짝짓기가 한창인 가을이면 사마귀는 벌레들을 무지막지하게 먹어 치우는 먹보가 돼.
영리한 벌레는 사마귀를 보면 꼼짝도 안 하고 죽은 척하면서 목숨을 지키겠지?

좀사마귀

사마귀

실잠자리

항라사마귀

왕사마귀

애메뚜기

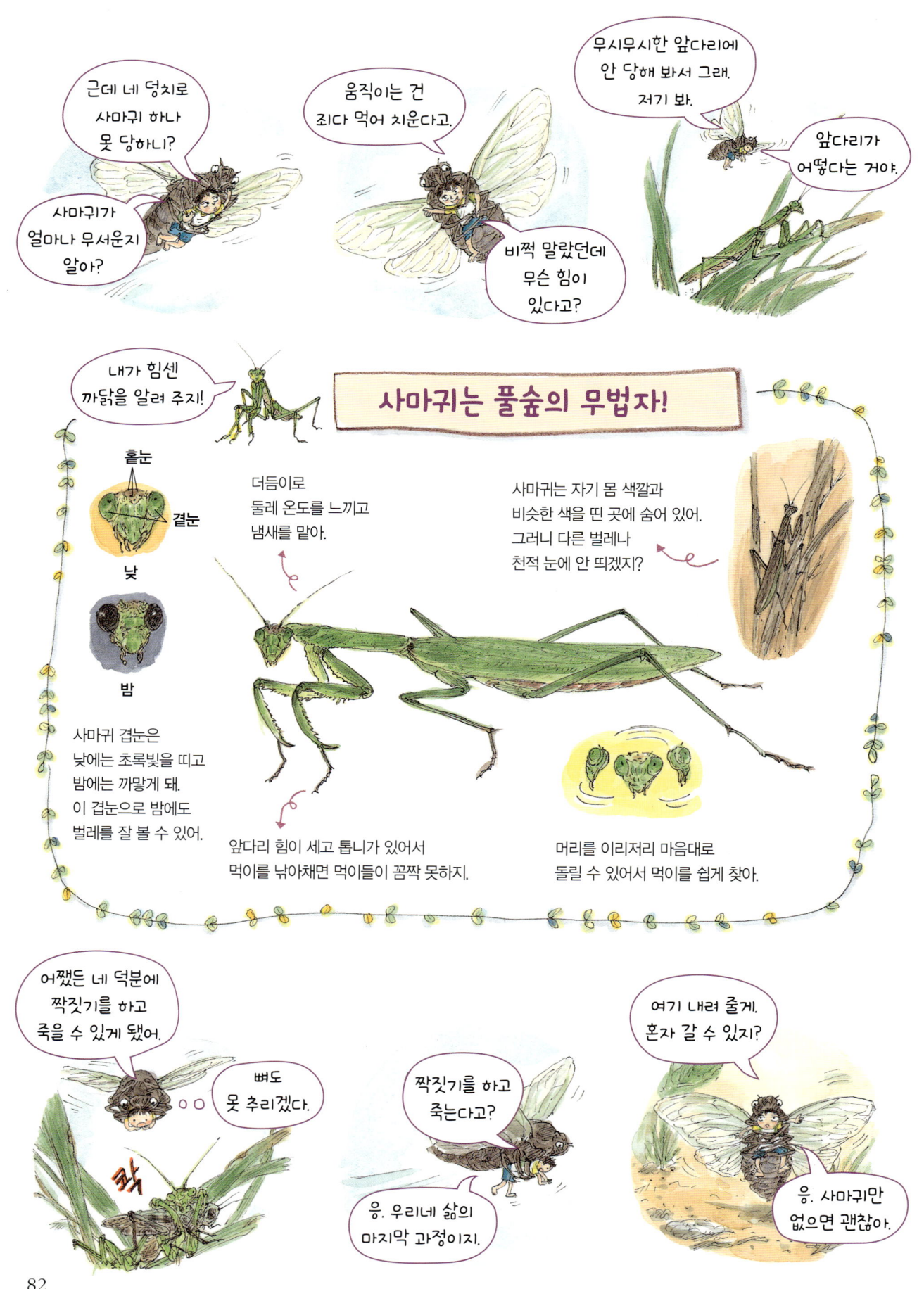

《벌레야, 하룻밤만 재워 줘》 표지 그림이야.
두 그림을 보고 다른 부분을 찾아봐! **7개**가 달라!

할머니 집을 찾아 줘!

하루가 할머니 심부름을 갔다가 길을 잃어 버렸어. 할머니 집을 좀 찾아 줘.
참! 할머니는 **꿀벌**이랑 **사슴벌레 애벌레**를 가져오라고 했으니까,
꼭 **꿀벌**과 **사슴벌레 애벌레**가 있는 데를 거쳐서 할머니 집으로 가야 해.

어디어디 있을까?

길앞잡이
물방개
날도래
사마귀
노린재
땅강아지

꼭꼭 숨은 다른 그림을 찾아라!

하루랑 함께 알아보자 2
곤충의 한살이

한살이는 곤충이 태어나서 죽을 때까지의 과정을 이르는 말이야.
곤충 종에 따라 한살이 단계가 다르지. 여러 곤충의 한살이를 알아보자.

● **갖춘탈바꿈**은 번데기 단계를 거치는 한살이를 말해.

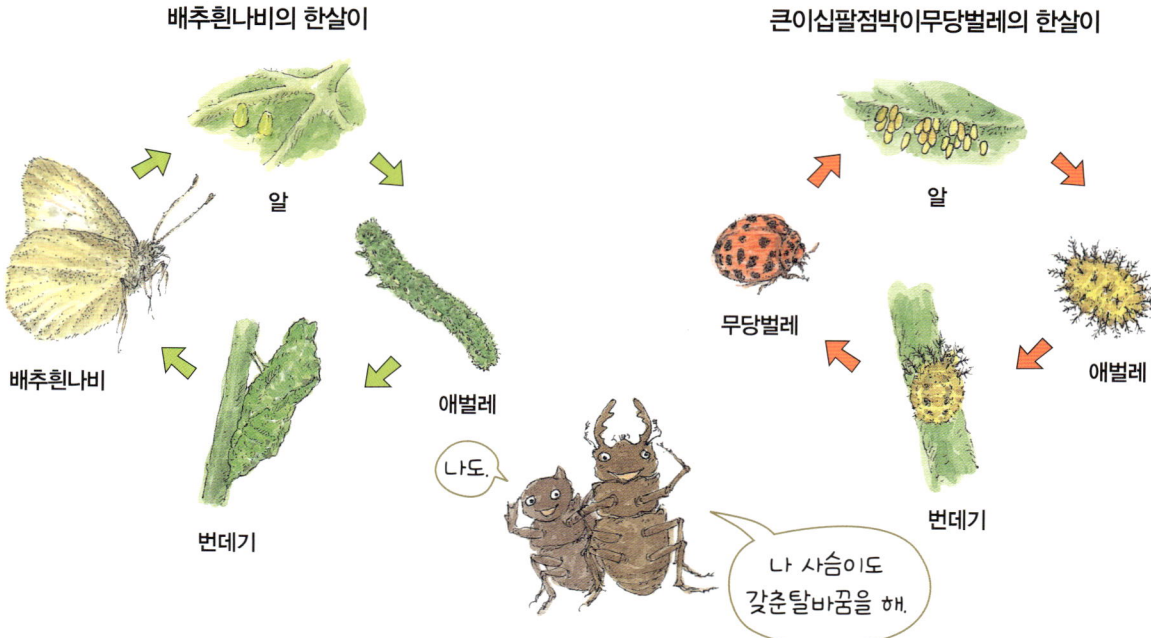

● **안갖춘탈바꿈**은 번데기 단계를 거치지 않는 한살이를 말해.

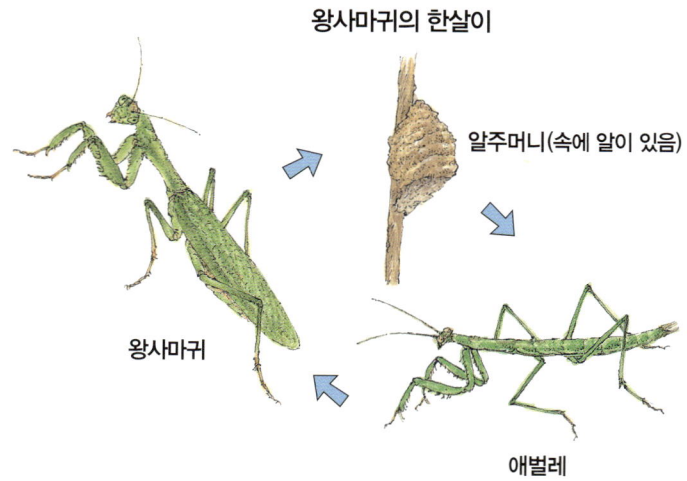

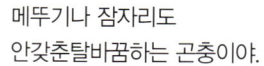
메뚜기나 잠자리도 안갖춘탈바꿈하는 곤충이야.

3장
우리 둘레에서 쉽게 보는 벌레들

- 메뚜기
- 노린재
- 애벌레
- 바퀴
- 딱정벌레
- 잠자리
- 하늘소
- 모기

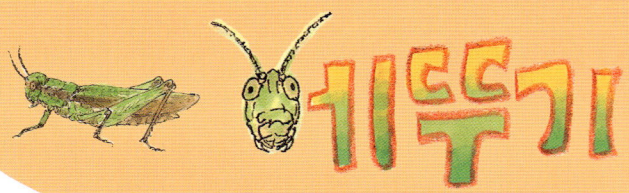

가을에 들이나 논에 나가면 메뚜기를 볼 수 있어.
메뚜기는 야무진 큰턱과 작은턱으로 벼, 바랭이, 억새, 강아지풀 같은 풀을 잘근잘근 씹어 먹어.
한때 논에 농약을 많이 쳐서 메뚜기를 거의 찾아볼 수 없었지만, 요즘은 약을 치지 않고 농사짓는 곳이 점점 늘어나면서 다시 논에서 메뚜기들을 볼 수 있게 되었어.
한편, 우리가 사는 자연 생태계가 무너져서 벼메뚜기나 풀무치가 수억 마리씩 떼 지어 논에 나타날 때가 있어.
수많은 메뚜기 떼들이 벼 잎을 왕창 갉아 먹으면 농작물을 수확하는 데 어려움을 겪게 돼.

메뚜기랑 여치는 닮은 듯 달라

암컷 메뚜기
- 더듬이가 몸길이에 견주어 짧고 굵어.
- 몸이 길쭉하고 쭉 뻗어 있어.
- 알을 낳는 산란관이 짧아.

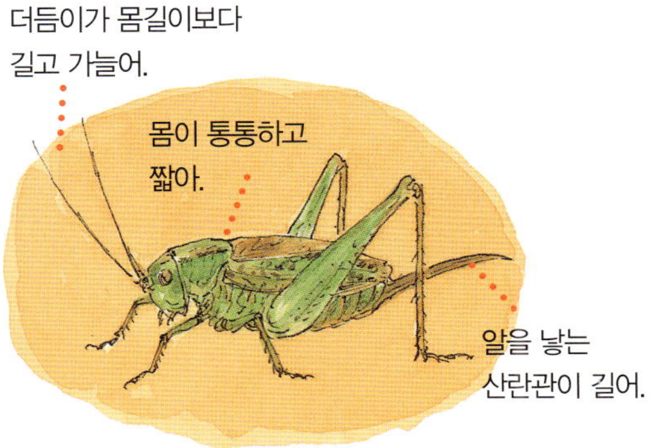

암컷 여치
- 더듬이가 몸길이보다 길고 가늘어.
- 몸이 통통하고 짧아.
- 알을 낳는 산란관이 길어.

메뚜기랑 여치는 비슷하게 생겼지만 자세히 보면 생김새가 약간씩 다르고 사는 곳도 달라.
메뚜기는 햇볕이 내리쬐는 들판이나 논밭에 주로 살지만, 여치는 그늘진 풀숲에 숨어 살아.
소리 내는 방법도 다른데, 메뚜기는 앞날개랑 뒷다리를 비벼서 소리를 내고
여치는 앞날개끼리 비벼서 소리 내.

사슴이가 마음을 풀어 다행이야.
집으로 되돌아가는 길은
멀고도 험하지만
든든한 사슴이랑 함께하니까
문제 없어.

늦가을에 들이나 낮은 산, 밭으로 나가면 노린재를 만날 수 있어. 노린재는 가을 동안 곡식이나 과일, 때로는 작은 벌레의 즙을 빨아 먹고 살다가 잡초 더미나 낟가리, 나무껍질 따위에서 겨울을 나. 그 가운데 썩덩나무노린재나 알락수염노린재는 사람이 사는 집까지 들어와 겨울을 나기도 해. 집 안에 날아든 노린재를 손으로 잡았다가는 골치 아플지도 몰라. 곧바로 고약한 누린내를 뿜어내거든.

퀴퀴한 누린내는 노린재를 지키는 힘

방귀벌레라고도 불리는 노린재한테서 나는 냄새는 배 뒷다리 가까운 곳 냄새샘에서 나와. 흔히 아는 것처럼 방귀를 뀌는 게 아니라, 냄새가 나는 액체를 내뿜는 거야.

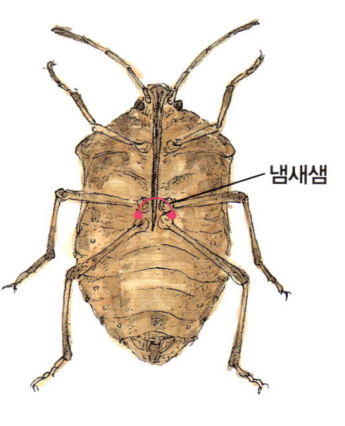

노린재는 사마귀나 새 같은 천적이 나타나면 냄새를 풍겨. 이 지독한 냄새는 천적을 물리쳐서 자기를 지키기도 하지만 다른 노린재들한테 위험을 알리는 데도 쓰여. 또 짝짓기 철에 짝 찾을 때도 냄새를 풍기지. 냄새가 없다면 노린재는 살아가기 힘들겠지?

식물의 즙을 쪽쪽 빨아 먹는 노린재

톱다리개미허리노린재나 시골가시허리노린재 같은 허리노린재 무리들은 식물 잎이나 줄기, 열매 즙을 빨아 먹고 살아. 주둥이가 침처럼 뾰족하게 생겨서 식물의 입 끝을 꽂고 빨아 먹기 좋아. 콩이나 벼는 노린재가 빨아 먹고 나면 더 이상 안 자랄 뿐 아니라 주름이 생기고 색깔이 바뀌기도 해. 논이나 밭 둘레에 노린재 수가 많아지면 농작물을 거두기가 어렵대.

엄청 독한 냄새를 뿜는 노린재를 만났지만 냄새 덕분에 구리를 찾을 수 있었어. 사슴이랑 구리와 함께라면 이제 아무것도 겁나지 않아.

꼬물꼬물 여러 모습으로 사는 애벌레

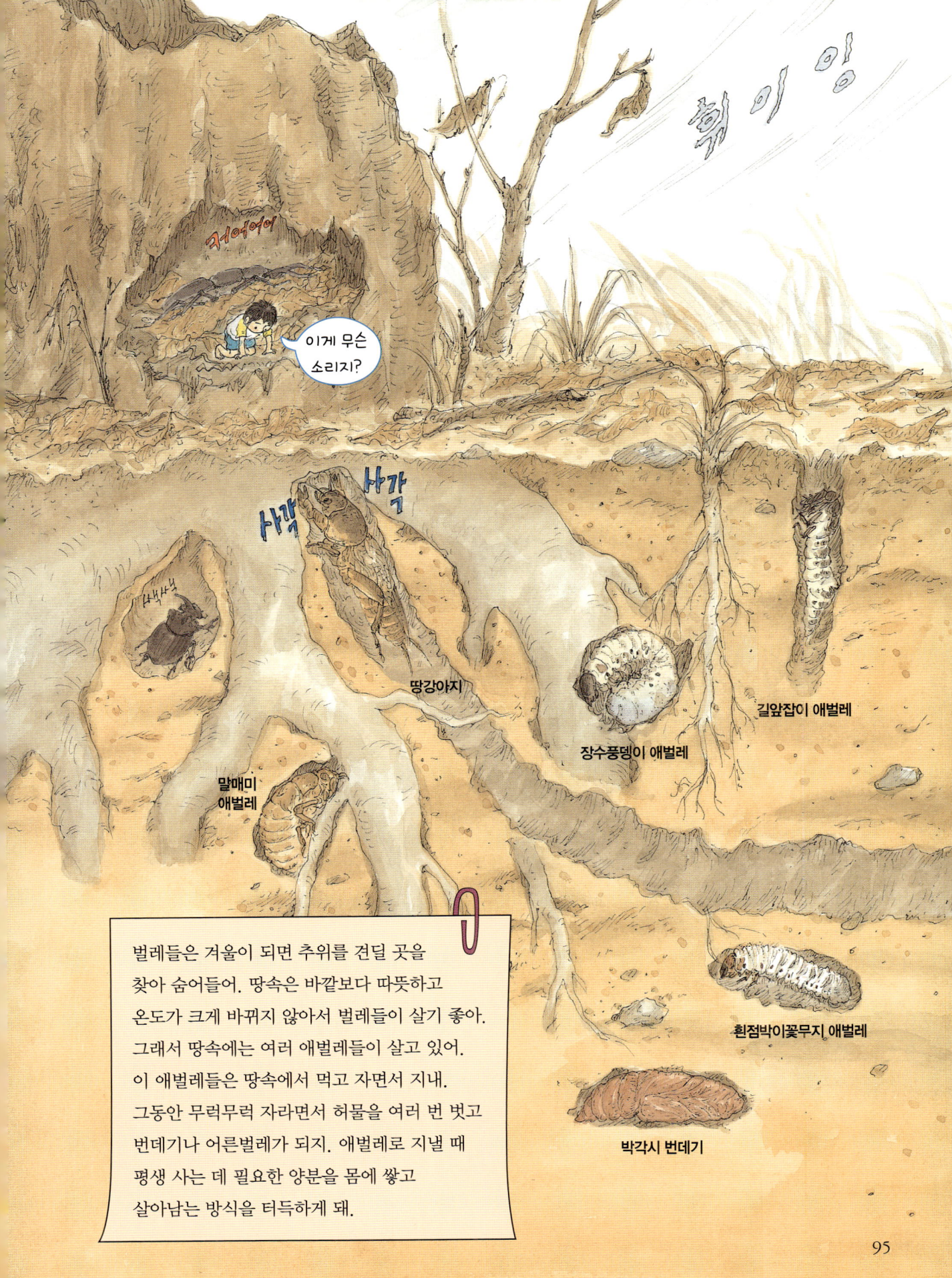

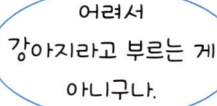

땅강아지 애벌레는 어른벌레와 판박이야

땅강아지 애벌레   **땅강아지 어른벌레**

땅강아지는 애벌레 때랑 어른벌레 때 모습이 매우 비슷해.
하지만 애벌레 때는 날개가 없어. 땅강아지 애벌레는 가을 무렵
알에서 깨어나 허물을 네 번 벗어. 그러다 마침내 날개가 돋아 어른이 되지.
이렇게 애벌레 때랑 어른벌레 때 모습이 판박이인 벌레는
노린재, 사마귀, 메뚜기, 대벌레 따위가 있어.

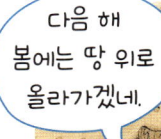

긴긴 세월 애벌레로 살아가

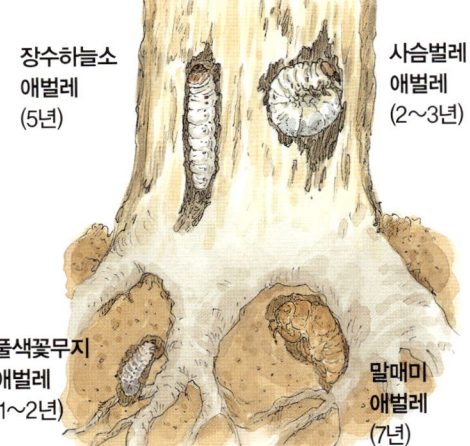

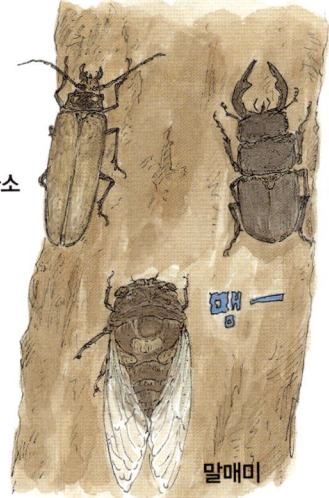

곤충들은 어른벌레가 되고 나서야 모습을 쉽게 볼 수 있어. 그래서 흔히 어른벌레로 사는 기간이 길 거라고 여겨. 하지만 많은 곤충들은 한살이 하는 동안 애벌레로 지내는 때가 가장 길어. 사슴벌레나 하늘소, 매미는 애벌레로 몇 해를 지내고 나서야 어른벌레로 탈바꿈하지. 심지어 17년매미는 열일곱 해 동안이나 땅속에서 애벌레로 지내.

어디에 있지?

배추흰나비 애벌레는 배추밭이나 무밭에 살면서 잎을 갉아 먹어. 몸에 잔털이 나 있고 몸 빛깔이 잎 색깔이랑 비슷해서 찾기가 쉽지 않아. 나비 무리 애벌레는 몸이 길쭉하고 다리가 많아.

배추흰나비 애벌레

메뚜기 애벌레랑 대벌레 애벌레야. 어른벌레인 줄 알았다고? 그렇게 보이지? 대벌레나 메뚜기 무리는 날개가 짧거나 몸이 작을 뿐 어른벌레랑 생김새가 거의 같거든. 나무나 풀에서 만날 수 있어.

각시메뚜기 애벌레 **긴수염대벌레 애벌레**

사슴벌레, 풍뎅이, 꽃무지, 하늘소 같은 애벌레는 모두 우윳빛 나는 구부러진 몸에 가슴다리가 있어. 단단한 입틀을 써서 땅속이나 나무속으로 파고들어 살아.

왕사슴벌레 애벌레

저번에 본 매미 애벌레랑 닮았지?

어, 애벌레 털을 만지면 안 돼. 몸이 퉁퉁 붓고 엄청 아프다고. 매미나방 애벌레처럼 나방 애벌레 무리 가운데에는 알록달록 화려한 무늬에 삐죽빼죽 긴 털이 난 애벌레들이 있어. 이 애벌레들은 자기를 건드리면 사정없이 독을 쏘지.

와, 얜 무슨 털이 이렇게 많지?

매미나방 애벌레

애벌레들의 거친 세상 살아가기 대작전!

숨기

귀매미 애벌레

귀매미 애벌레는 나무껍질과 비슷한 색과 무늬를 띠어서 나무껍질처럼 보여.

새똥

호랑나비 2령 애벌레

호랑나비 애벌레는 얼핏 보면 새똥처럼 생겨서 새들한테 잘 들키지 않아.

흰줄푸른자나방 애벌레

흰줄푸른자나방 애벌레는 새순을 닮아서 나뭇가지에 있으면 애벌레인지 잘 몰라.

놀라게 하기

이제 갓 허물을 벗은 큰이십팔점박이무당벌레 애벌레

큰이십팔점박이무당벌레 애벌레는 온몸에 가시가 나 있어. 천적들은 가시 때문에 다가오지 못하지만, 막상 만져 보면 별로 안 따가워.

줄박각시 애벌레

줄박각시 애벌레 배마디에는 눈알 무늬가 있어. 가슴을 부풀리면 무늬가 꼭 뱀이나 매의 눈처럼 보여.

"다음으로는 ……."

"아, 배고파."

"그래? 별수 없군. 있다가 먹으려고 남겨 둔 거지만……."

"해바라기 씨가 어디 있을 텐데. 맞다. 주머니! 썩은 나무 안에 놓고 왔네!"

"말랑말랑 쫄깃한 지렁이야. 너한테만 주는 거다."

"으웩!"

"됐어. 너 많이 먹어!"

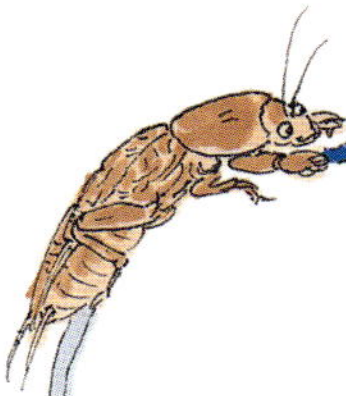

애벌레들은 무얼 먹고 살까?

애벌레들은 알에서 나오자마자 먹이를 먹어. 무리에 따라 풀을 먹고 사는 애벌레도 있고 자기보다 작은 벌레나 나뭇진을 빨아 먹는 애벌레도 있어.

"난 채소 싫어하는데……."

"난 질긴 잎맥을 남기고 부드러운 잎만 갉아 먹어."

"난 모래밭을 파 놓고 미끄러지는 개미를 콱 문 다음, 몸속 물을 빨아 먹어."

"풀잎은 구멍을 뻥뻥 뚫으며 먹는 게 제맛이지."

"난 작은 벌레 몸에 주둥이를 꽂아서 몸속 물을 쭉 빨아 먹어."

매미나방 애벌레   명주잠자리 애벌레   큰남생이잎벌레 애벌레   다리무늬침노린재 애벌레

"여긴 풀이 없는데. 배고파서 어쩌누?"

"아까 있던 데까지 나 좀 데려다줘."

"거기에 먹을 게 있다고."

엄마가 해 준 밥이랑 장조림, 달걀말이, 멸치 볶음 먹고 싶다. 시금치까지도……. 언제까지 이렇게 있어야 할까? 나 이제 벌레 괴롭히는 못된 아이 아닌데…….

축축하고 어두운 곳에 나타나는 바퀴

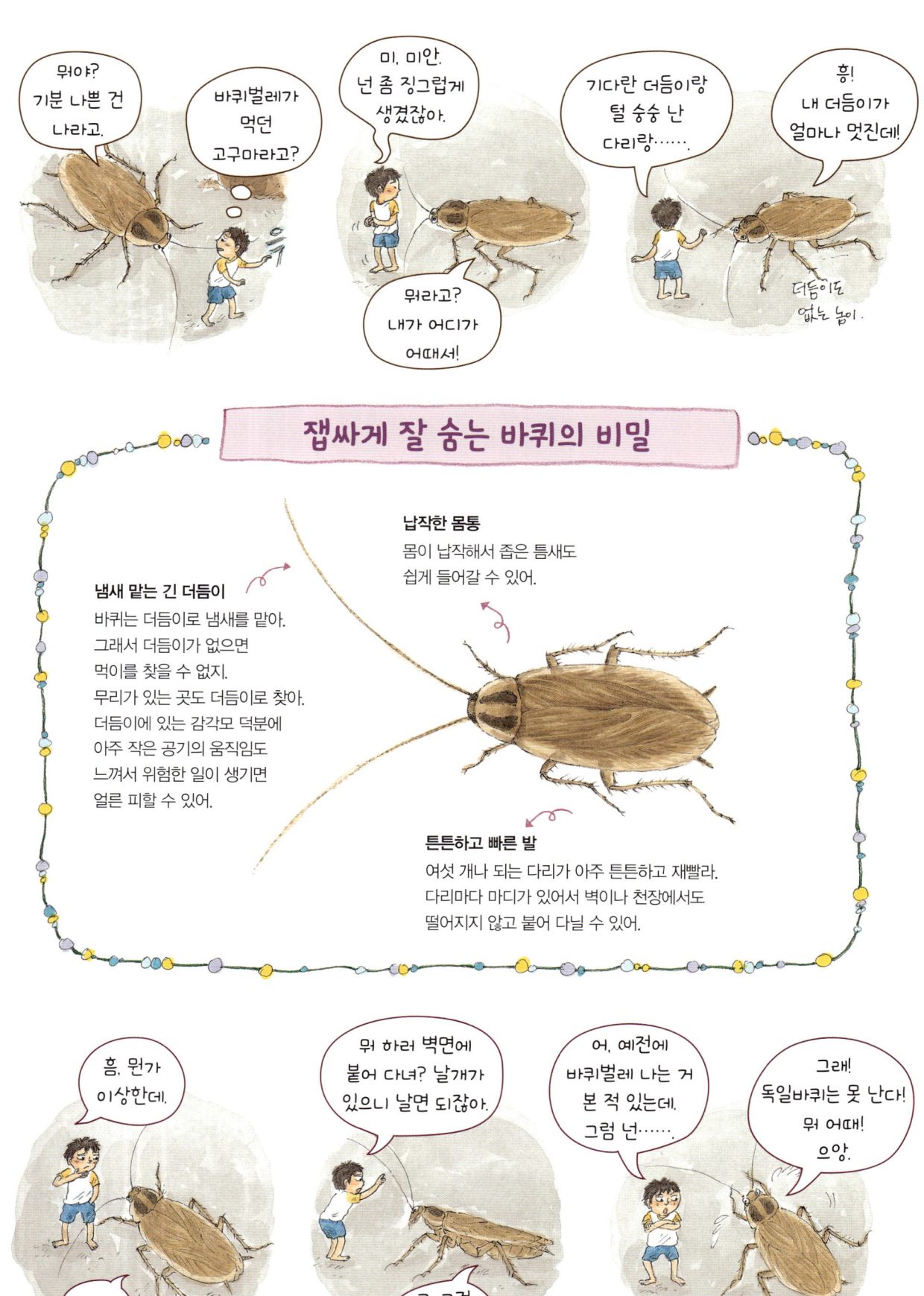

바퀴는 왜 금방 많아질까?

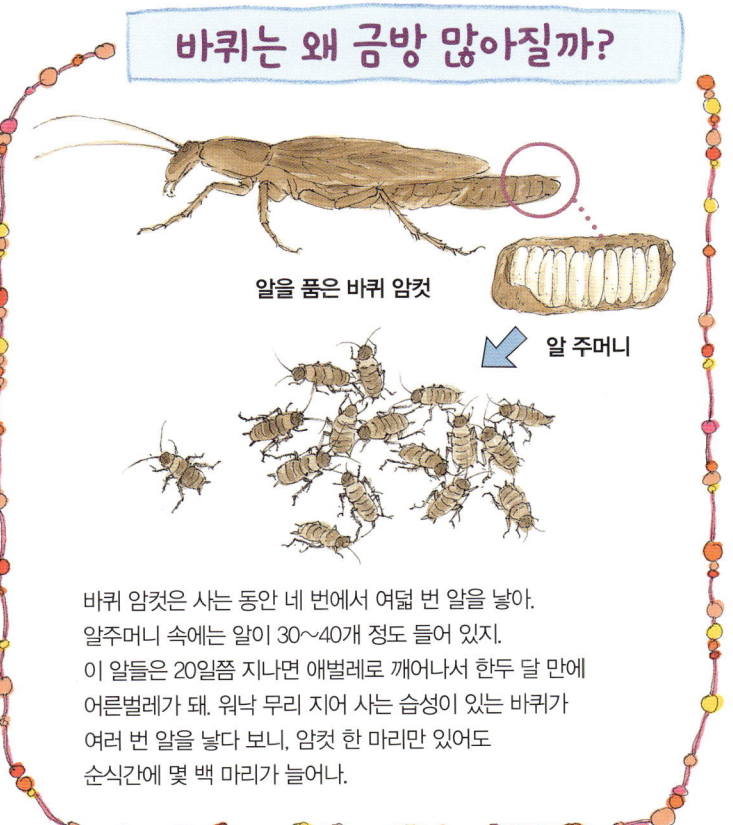

알을 품은 바퀴 암컷

알 주머니

바퀴 암컷은 사는 동안 네 번에서 여덟 번 알을 낳아.
알주머니 속에는 알이 30~40개 정도 들어 있지.
이 알들은 20일쯤 지나면 애벌레로 깨어나서 한두 달 만에
어른벌레가 돼. 워낙 무리 지어 사는 습성이 있는 바퀴가
여러 번 알을 낳다 보니, 암컷 한 마리만 있어도
순식간에 몇 백 마리가 늘어나.

바퀴가 나쁜 병을 옮긴다고는 하지만,
내가 벌레가 되어서 만나 보니
그렇게 나쁜 벌레 같지는 않아.
사람한테 해충이라고 해서
다른 벌레한테도, 자연에도 나쁠까?

죽은 동물을 먹고 사는 송장벌레

송장벌레는 죽은 새나 쥐, 뱀 같은 동물을 뜯어 먹고 살아. 암컷과 수컷이 모여 죽은 동물을 이리저리 굴려서 매끈한 고기 경단을 만들고 난 뒤 구덩이에 파묻지.

송장벌레는 이른 봄, 고기 경단에서 짝짓기를 하고 알을 낳아. 알에서 깨어난 송장벌레 애벌레들은 번데기가 되기 전까지 이 경단을 먹으며 지내.

죽은 동물을 먹는다고 송장벌레가 무섭거나 나쁜 벌레는 아냐. 죽은 동물을 먹어서 자연으로 돌려보내는 송장벌레는 자연의 분해자로서 생태계 순환을 돕거든.

지독한 냄새를 풍기는 폭탄먼지벌레

폭탄먼지벌레는 습기가 많은 땅에서 사는 딱정벌레 무리 곤충이야.
방귀벌레라고도 부르는데, 위험을 느끼면 꽁무니에 있는 분비샘에서
가스를 뿜어 대. 이 가스는 다른 곤충들이 곧바로 달아날 만큼 독해.
게다가 100도씨가 넘는 뜨거운 가스라,
사람 몸에 닿으면 살이 붓고 굉장히 아파.

폭탄먼지벌레가 뿜어낸 가스 때문에
온몸에 힘이 빠지고 욱신욱신해.
이대로 엄마도 할머니도 영영
못 보게 되는 거야?
안 돼…… 집에 가야…… 하는데…….
근데 지금은 너무 졸려…….

산들산들 하늘을 나는 잠자리

먹보 비행 사냥꾼 잠자리

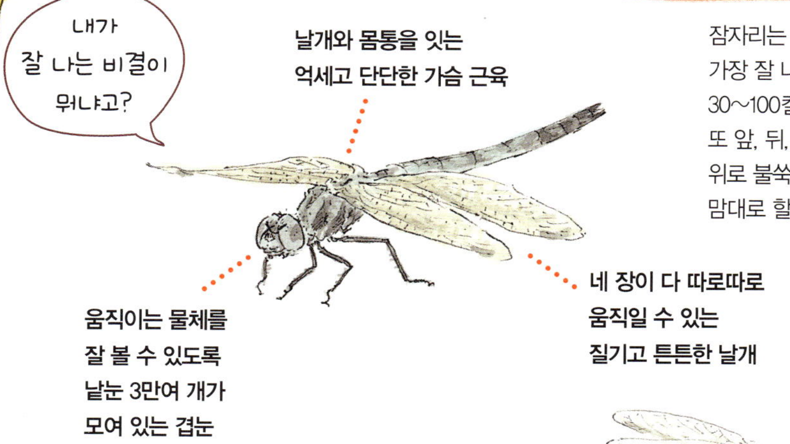

내가 잘 나는 비결이 뭐냐고?

날개와 몸통을 잇는 억세고 단단한 가슴 근육

움직이는 물체를 잘 볼 수 있도록 낱눈 3만여 개가 모여 있는 겹눈

네 장이 다 따로따로 움직일 수 있는 질기고 튼튼한 날개

잠자리는 벌레들 가운데 가장 빨리, 가장 잘 나는 벌레야. 한 시간에 30~100킬로미터를 날지. 또 앞, 뒤, 옆으로 자유롭게 움직이는가 하면 위로 불쑥 치솟거나 아래로 뚝 떨어지는 것도 맘대로 할 수 있어.

잠자리는 날면서 먹이를 사냥할 수 있어. 그래서 하루살이, 파리, 벌, 작은 나방처럼 날아다니는 작은 벌레들을 잡아먹지. 잠자리는 하루에 자기 무게의 절반이 넘는 먹이를 먹는 먹보야.

잠자리의 짝짓기

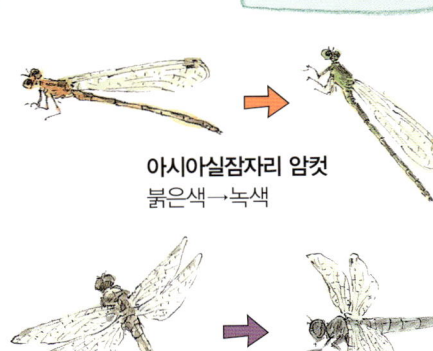

아시아실잠자리 암컷
붉은색→녹색

밀잠자리 수컷
연갈색→회색

짝짓기를 할 때 수컷은 배 끝마디에 있는 집게로 암컷의 머리와 가슴 사이를 잡아. 암컷은 배 끝을 수컷의 두 번째 배마디에 붙이지. 둘의 모습은 마치 사랑을 나타내는 심장 모양 같아.

잠자리가 어른벌레가 되면 곧 짝짓기를 위해 몸통 색이 혼인색으로 바뀌어. 실잠자리 무리는 암컷의 몸이 혼인색으로 바뀌고 밀잠자리 무리는 수컷의 몸이 혼인색으로 바뀌면서 짝짓기를 준비해.

짝짓기를 마친 암컷은 연못이나 물웅덩이에 알을 낳아. 그동안 수컷은 암컷의 머리를 배 끝 집게로 잡고는 암컷이 다른 잠자리와 짝짓기를 못 하도록 감시해.

어떡해!
구리랑 사슴이가 단단히 화가 났어.
이제까지 벌레인 척 속여서 그런가?
아니면 내가 옛날에 벌레들을
괴롭혔다는 걸 알게 된 걸까?
난 이제 어쩌면 좋아!

113

날카로운 큰턱을 지닌 하늘소

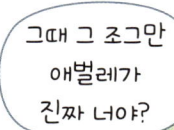
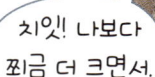

나무는 하늘소가 사는 터전

하늘소는 태어나면서 죽을 때까지 줄곧 나무에서 살아. 하늘소 암컷은 나무둥치의 껍질을 갉아서 흠을 내고 그 안에 알을 낳아.

알에서 깬 하늘소 애벌레는 튼튼한 턱으로 구멍을 뚫고 나무를 파고들어 집을 만들어. 거기서 나뭇진을 먹으며 여러 해 동안 지내는 거야.

어른벌레가 되면 나무에서 살며 나뭇잎이나 나무줄기를 갉아먹어.

하늘소가 만든 숲속 오아시스, 나뭇진 샘

숲에 사는 나비, 벌, 파리, 사슴벌레 같은 여러 곤충들은 달콤한 나뭇진을 찾아 나무 둘레에 모여들어. 나뭇진은 나뭇진 샘이라는 나무껍질 흠에서 나와. 이 흠은 나무껍질 밑에서 자라는 하늘소 애벌레가 나무의 영양을 옮기는 관에 상처를 내서 생긴 거야. 하늘소 덕분에 숲속 곤충들은 나뭇진을 실컷 먹을 수 있지.

드디어 지렁이 할아버지가
말한 걸 다 모았어.
이제 키다리 버드나무를
찾으면 된다는데……
정말 내 몸이 전처럼 되돌아갈 수 있을까?

뾰족한 주둥이로 피를 빠는 모기

한여름이면 애애앵 소리 내며 날아다니는 모기를 집 안팎 어디서든 쉽게 볼 수 있어. 바늘처럼 생긴 주둥이로 동물의 살갗을 뚫고 피를 빨거나, 과일이나 식물 즙을 빨아 먹어. 모기가 사람이나 동물 피를 빨면서 괴롭게 한다고 해서 없어져야 할 벌레라고만 여길 수는 없어. 모기 애벌레인 장구벌레는 미꾸라지나 수채, 송사리 같은 물속 동물의 좋은 먹이가 되거든. 만약 장구벌레가 없어지면 장구벌레를 먹고 살아가는 물속 동물들도 살기 어려울 거야.

저 꼬물거리는 벌레는 뭐야?

장구벌레야. 모기 애벌레지.

어, 저기 끈끈이주걱 같은데.

끈끈이주걱

모기

장구벌레 번데기

장구벌레(모기 애벌레)

벌레먹이말

수채(잠자리 애벌레)

미꾸라지

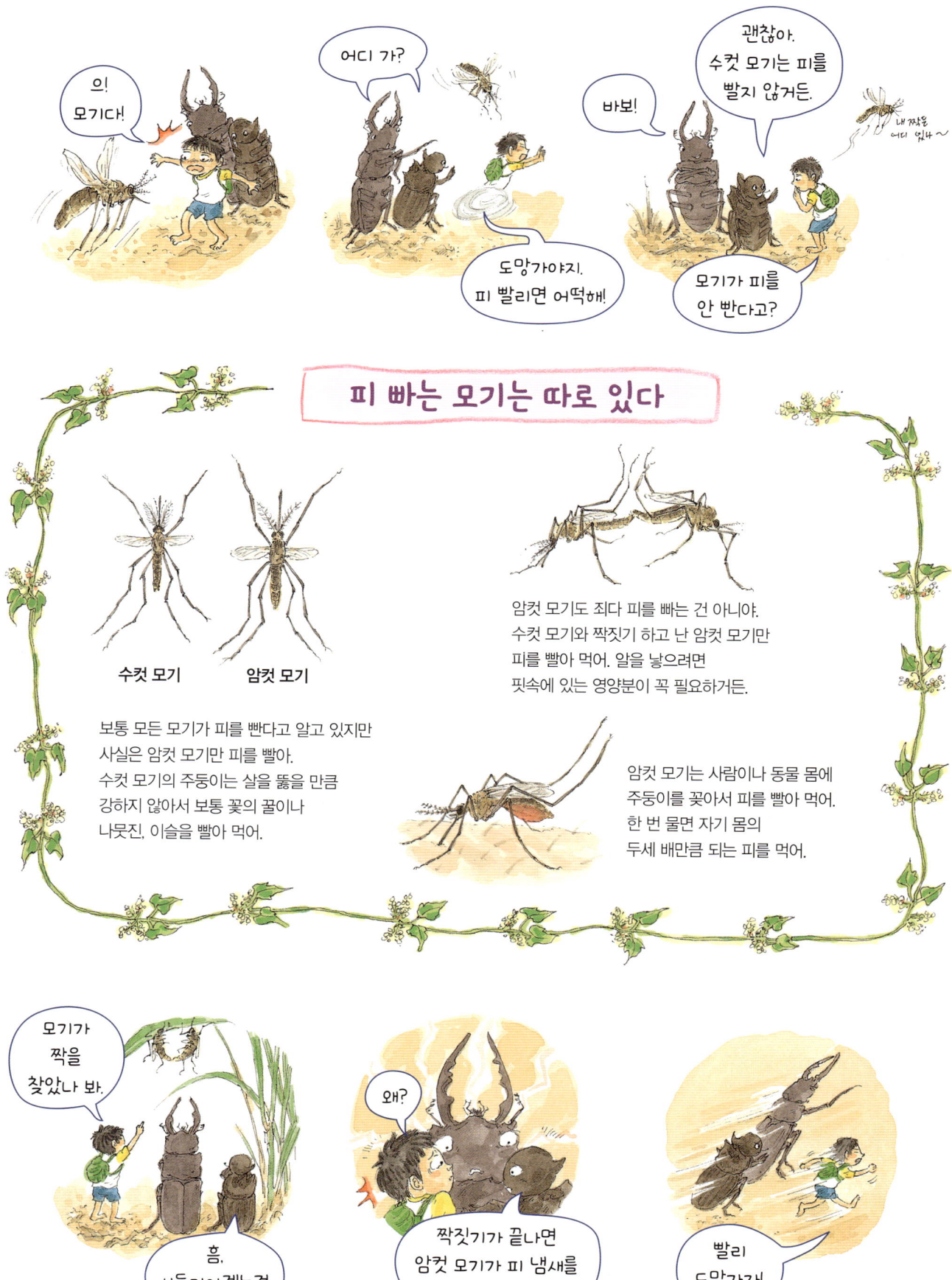

끈끈이주걱의 무시무시한 벌레 잡기

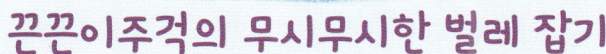

끈끈이주걱은 산기슭에 있는 개울가나 볕이 잘 드는 늪 둘레에 많이 사는 풀이야. 잎 가장자리와 안쪽에는 털이 돋아 있는데, 털끝에서 끈적끈적하고 물방울 같은 끈끈한 액체가 나오지. 끈끈이주걱에 다가갔다가 이 액체에 몸이 닿은 벌레는 달라붙어 달아나지 못해. 그사이 끈끈이주걱은 잎 한가운데로 털을 오므려 벌레를 감싸고는 그대로 녹여서 먹어 버려.

드디어 고치를 만들었어!
이젠 정말 집으로 갈 수 있겠지?
할머니, 조금만 기다려!

책 속 부록 1

꼬물꼬물 벌레 지식 총출동

곤충은 생김새가 비슷한 것끼리 '목'이라는 모둠으로 무리 지어. 같은 '목'에 속한 무리들마다 비슷한 특징이 있지. 책 속에 나온 곤충들은 어느 무리에 들어가는지, 어떤 특징이 있는지 알아보자.

거미목

거미 • 실을 내는 동물로, 다리가 여덟 개다. 살아 있는 동물 가운데 스스로 잡은 것만 먹는다. 독이 나오는 엄니가 있다. 알에서 깨면 다른 모습으로 탈바꿈하지 않고 허물을 벗으며 몸이 자란다.

날도래목

날도래 애벌레 • 갖춘탈바꿈을 하는 곤충으로, 애벌레 때 물속에 산다. 입에서 실을 토해 내서 나뭇잎이나 나뭇가지를 붙여 집을 만든 다음, 집 속에서 번데기 시절을 보낸다.

나비목

나비 • 갖춘탈바꿈을 하는 곤충으로, 몸집에 견주어 크고 넓은 날개가 두 쌍 있다. 날개에는 비늘 조각이 촘촘히 박혀 있다. 앞뒤 날개를 따로 움직이며 날다가, 앉을 때는 날개를 접는다. 돌돌 말려 있는 주둥이를 쭉 뻗어 꿀을 빨아 먹는다.

나비목

누에 • 실을 내는 곤충으로, 뽀얀 젖빛 몸에 연한 껍질이 덮여 있으며 매끈하고 부드럽다. 누에나방의 애벌레로. 다 자라면 번데기가 되려고 고치를 짓는다. 번데기가 다 자라면 누에나방이 된다.

노린재목

물장군 • 안갖춘탈바꿈을 하는 곤충으로, 물에 사는 곤충 가운데 가장 크고 힘이 세다. 앞다리 한 쌍이 유난히 크고 낫처럼 생겨서 먹이를 잘 잡는다. 물속에서 숨을 못 쉬고 물 밖에 자주 나와 숨을 쉰다.

노린재목

소금쟁이 • 안갖춘탈바꿈을 하는 곤충으로 물 위에서 지낸다. 몸이 가볍고, 짧은 털들이 온몸과 발목마디를 덮고 있다. 뒷다리와 가운뎃다리 끝에서 기름이 배어 나와 몸이 물에 젖지 않는다. 소금쟁이는 1초에 자기 몸길이의 100배 넘는 거리를 갈 수 있다.

노린재목

노린재 • 안갖춘탈바꿈을 하는 곤충으로, 날카롭고 뾰족한 주둥이로 풀 즙을 빨아 먹으며 산다. 다른 곳에 옮겨 갈 때 딱딱한 앞날개를 펼쳐 날아간다. 천적이 나타나면 누린내를 뿜는다.

딱정벌레목

길앞잡이 • 갖춘탈바꿈을 하는 곤충으로, 땅 위를 빠르게 날거나 뛰어다니면서 작은 벌레들을 잡아먹고 산다. 날카로운 턱으로 먹이를 꽉 깨물어 잡아먹는다. 길앞잡이는 1초에 2.5미터를 달릴 수 있다. 어디 갈지 생각하기 전에 먼저 움직이기 때문에, 달리다 멈추는 걸 반복한다.

딱정벌레목

사슴벌레 • 갖춘탈바꿈을 하는 곤충으로, 주로 참나무 숲에 산다. 참나무에서 흘러내리는 나뭇진을 빨아들여 먹고 산다. 사슴벌레는 큰턱이 뿔처럼 길게 뻗어 있는데, 수컷은 사슴뿔같이 생긴 큰턱으로 암컷과 먹이를 차지하려고 싸운다.

딱정벌레목

물방개 • 갖춘탈바꿈을 하는 물속 곤충이다. 뒷다리가 노처럼 생기고 물갈퀴 같은 털이 있어 빠르고 힘차게 헤엄칠 수 있다. 공기 방울을 배 끝에 매달고 다니며 물속에서 숨을 쉰다.

127

딱정벌레목

물맴이 • 갖춘탈바꿈을 하는 물속 곤충으로, 몸통이 달걀꼴에 작고 까맣다. 물 위를 재빠르게 헤엄치는데, 동그라미를 그리며 맴돌아서 물맴이라고 한다. 눈이 위아래로 나뉘어 있어 위쪽 눈은 날아다니는 곤충을 보고, 아래쪽 눈으로 물에 떨어진 먹이를 찾을 수 있다.

딱정벌레목

칠성무당벌레 • 갖춘탈바꿈을 하는 곤충으로, 딱지날개가 까만 몸을 둥글게 감싸고 있다. 주홍빛 날개에는 까만 점이 일곱 개 있다. 앞날개 밑에 얇은 뒷날개 한 쌍을 접고 있다가 날아갈 때 편다. 큰턱으로 진딧물을 잡아먹는다.

딱정벌레목

소똥구리 • 갖춘탈바꿈을 하는 곤충으로, 똥이 있는 곳에서 똥을 먹고 산다. 똥을 동그랗게 빚어서 미리 파 놓은 굴로 가져간다. 암컷이 소똥 구슬 속에 알을 낳는데, 알에서 깬 애벌레는 똥을 먹고 자란다.

딱정벌레목

송장벌레 • 갖춘탈바꿈을 하는 곤충으로, 주로 죽은 동물 둘레에 살며 죽은 동물을 뜯어 먹고 산다. 푸른 빛이 도는 까만 몸에, 집게처럼 생긴 큰턱이 있다. 암컷은 죽은 동물 몸에 알을 낳는데, 알에서 깨어난 애벌레는 시체를 먹고 자란다.

딱정벌레목

하늘소 • 갖춘탈바꿈을 하는 곤충으로, 더듬이가 무척 길다. 날카로운 턱으로 나무나 풀을 갉아 먹고 산다. 암컷이 나무줄기나 가지 속에 알을 하나씩 낳는데, 애벌레가 깨어나면 나무속을 파먹고 산다.

딱정벌레목

반딧불이 • 갖춘탈바꿈을 하는 곤충으로, 배 뒤쪽에서 불빛을 낸다. 밤이면 수컷 여러 마리가 떼지어 날아다니며 불빛을 깜박인다. 암컷은 뒷날개가 없어서 풀잎에 앉아 수컷을 기다리다가, 불빛으로 서로 신호를 주고받으며 만난다.

매미목

매미 • 안갖춘탈바꿈을 하는 곤충으로, 머리가 둥글넓적하고 짧은 더듬이 한 쌍이 있다. 뾰족한 주둥이로 식물 즙을 빨아 먹고 산다. 수컷 매미만 울 수 있는데, 이 울음소리로 암컷을 찾거나 자기 무리에게 위험을 알린다.

매미목

진딧물 • 안갖춘탈바꿈을 하는 곤충으로, 나무나 풀에 무리 지어 산다. 식물 즙을 빨아 먹고 사는 진딧물은 먹고 난 뒤 끈적이는 단물을 몸 밖으로 내버린다.

메뚜기목

귀뚜라미 • 안갖춘탈바꿈을 하는 곤충으로, 머리가 둥글고 단단하며 몸이 납작하다. 긴 더듬이를 지녔고, 뒷다리가 앞다리와 가운뎃다리보다 훨씬 크고 길다. 울음소리는 수컷만 낼 수 있다. 수컷이 앞날개 두 장을 비벼서 소리를 내면, 암컷은 앞다리에 있는 귀로 소리를 듣고 수컷을 찾는다.

메뚜기목

꼽등이 • 안갖춘탈바꿈을 하는 곤충으로, 몸에 견주어 뒷다리가 크고 등이 굽어 있다. 몸보다 훨씬 길고 가는 더듬이로 둘레에서 무슨 일이 일어나는지 알 수 있다. 꼽등이는 날개가 없어서 날지 못하고, 긴 뒷다리로 팔짝팔짝 뛰어다닌다.

메뚜기목

벼메뚜기 • 안갖춘탈바꿈을 하는 곤충으로, 몸이 누런 풀색이고 뒷다리는 앞다리와 가운뎃다리보다 훨씬 크고 길다. 앞날개는 배보다 조금 더 길고, 앞날개 아래에 삼각형 모양의 넓은 뒷날개가 있다. 벼나 옥수수, 수수 잎을 갉아 먹고 산다.

메뚜기목

여치 • 안갖춘탈바꿈을 하는 곤충으로, 몸이 퉁퉁하고 다리가 굵다. 여치 더듬이는 몸보다 길다. 앞날개가 배 끝을 겨우 덮을 만큼 매우 짧다. 발바닥에 빨판이 있어 나무와 풀 위에서 잘 떨어지지 않는다. 풀이나 꽃가루를 먹고 산다.

메뚜기목

땅강아지 • 안갖춘탈바꿈을 하는 곤충으로, 밤색 몸에 가늘고 짧은 털이 빽빽이 나 있다. 앞날개는 배를 절반쯤 덮을 만큼 길고, 뒷날개는 배보다 길게 나 있다. 배 끝에는 긴 꼬리털이 두 개 있다. 땅속에서 굴을 파고 다니면서 채소와 곡식, 과일 나무뿌리를 갉아 먹고 산다.

사마귀목

사마귀 • 안갖춘탈바꿈을 하는 곤충으로, 세모난 머리에 큰턱이 있어 먹이를 잘 씹어 먹는다. 등이 길고 날개 네 장이 납작하게 접혀 있다. 앞다리에 날카로운 톱니가 있어 먹이를 한번 낚아 채면 쉽게 빠져나가지 못한다.

바퀴목

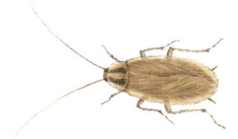

바퀴 • 안갖춘탈바꿈을 하는 곤충으로, 누르스름한 밤색 몸이고, 더듬이는 가늘고 마디가 있다. 다리 여섯 개에는 가시와 털이 나 있다. 여러 마리가 모여 살고 잘 번식한다. 음식 찌꺼기나 종이, 풀 들 아무거나 가리지 않고 다 먹는다.

잠자리목

잠자리 • 안갖춘탈바꿈을 하는 곤충으로, 더듬이가 짧고 눈이 얼굴 대부분을 차지할 만큼 크다. 다른 곤충들과 견주어 날개와 배가 길다. 얇고 그물처럼 생긴 날개를 활짝 펼치고 앉으며 완전히 포개어 접지 못한다. 잠자리는 빠르게 잘 날고 눈이 좋아서 파리, 모기, 하루살이 같은 날벌레를 잘 잡아먹는다.

벌목

개미 • 갖춘탈바꿈을 하는 곤충으로, 몸은 짙은 밤색이고 허리가 잘록하다. 더듬이로 냄새, 맛, 온도, 소리 들 모든 정보를 느낄 수 있다. 땅속이나 나무속에 집을 만들고 무리 지어 산다.

벌목

꿀벌 • 갖춘탈바꿈을 하는 곤충으로, 머리와 가슴에 밤색 털이 나 있다. 입이 뾰족하고 혀가 길어서 꿀을 잘 빤다. 날개는 두 쌍이 있는데, 앞날개에 견주어 뒷날개가 무척 작고, 앞날개와 뒷날개가 붙어 있다. 암컷만 침을 쏠 수 있다.

파리목

꽃등에 • 갖춘탈바꿈을 하는 곤충으로, 생김새가 꿀벌을 많이 닮았다. 하지만 꿀벌과 달리 앞날개 한 쌍만 있다. 뒷날개는 퇴화해서 작은 돌기가 되었는데, 이 돌기가 평형감각을 유지해 줘서 앞뒤 양옆을 자유자재로 날 수 있다.

파리목

모기 • 갖춘탈바꿈을 하는 곤충으로, 주둥이가 길고 다리는 가늘고 길다. 피를 빠는 모기는 모두 암컷인데, 알을 낳기 전 영양이 필요할 때 짐승이나 사람 피를 빨아 먹는다. 수컷은 풀이나 과일 즙을 빨아 먹고 산다.

환형동물

지렁이 • 땅속에서 사는 동물로, 몸통이 둥글고 길다. 몸에 고리처럼 생긴 마디가 여러 개 있고 가는 털이 나 있다. 흰 띠가 둘러진 데가 머리 쪽이다. 몸을 늘였다 줄였다 하면서 기어 다니며, 살갗에 있는 감각세포로 둘레에 뭐가 있는지 알 수 있다.

책 속 부록 2

교과서와 함께 보기

학년	교과	단원	내용
1학년 1학기	바슬즐_봄	2. 도란도란 봄 동산	봄 친구들을 만나요.
1학년 2학기	바슬즐_가을	2. 현규의 추석	반가워요! 가을 친구들
2학년 1학기	바슬즐_여름	2. 초록이의 여름 여행	
			여름 동산 친구들을 만나요.
			매미는 어떤 소리를 낼까요.
			조심해요.
			물가에 사는 친구를 만나요.
2학년 2학기	바슬즐_겨울	2. 겨울 탐정대의 친구 찾기	겨울잠을 자지 않아도 괜찮아요.
3학년 1학기	과학	3. 동물의 한살이	
		(1) 배추흰나비의 한살이	−배추흰나비 관찰 계획을 세워 봅시다. −배추흰나비 알과 애벌레의 생김새를 알아봅시다. −배추흰나비의 생김새를 알아봅시다. −여러 가지 곤충의 한살이를 비교하여 봅시다.
3학년 2학기	과학	1. 동물의 생활	
		(1) 주변의 동물	−주변에서 볼 수 있는 동물 찾아 관찰하기 −관찰한 동물의 특징을 좀 더 자세하게 알아보기 −여러 가지 동물을 관찰하고 특징에 따라 분류하기
		(2) 사는 곳에 따른 동물의 생활	−땅에 사는 동물의 생김새와 생활 방식 알아보기 −땅에 사는 작은 동물 관찰하기 −물에 사는 동물의 생김새와 생활 방식 알아보기 −물에 사는 동물 관찰하기

이 책과 연계된 내용	이 책에서 찾아보기
봄이면 만날 수 있는 나비, 벌, 개미에 대해 자세히 알아볼 수 있어요. 봄에 나타나는 다른 곤충들도 함께 살펴보아요.	12쪽~17쪽, 26쪽~29쪽, 56쪽~59쪽
가을에 볼 수 있는 여치, 사마귀, 메뚜기, 잠자리에 대해 자세히 알아볼 수 있어요. 가을에 나타나는 다른 곤충들도 함께 살펴보아요.	80쪽~83쪽, 86쪽~89쪽, 110쪽~113쪽
여름이면 볼 수 있는 거미, 잠자리, 무당벌레, 사슴벌레에 대해 자세히 알아볼 수 있어요. 곤충들이 여름이면 어디에서 서식하는지도 살펴보아요.	18쪽~21쪽, 22쪽~25쪽, 42쪽~45쪽, 110쪽~113쪽
한여름에 우는 매미 소리를 다양하게 알아볼 수 있어요. 매미의 한살이와 매미 소리가 어떻게 나는지도 자세히 알아보아요.	76쪽~79쪽
우리가 조심해야 할 해충인 매미나방 애벌레, 모기, 벌에 대해서 자세히 알아볼 수 있어요.	26쪽~29쪽, 99쪽, 118쪽~121쪽
물가에 사는 물방개, 소금쟁이, 물장군에 대해 자세히 알아볼 수 있어요. 물에 사는 식물이 무엇무엇 있는지도 살펴보아요.	30쪽~33쪽
사마귀나 호랑나비처럼 알이나 번데기로 겨울을 나는 곤충들에 대해 자세히 알아볼 수 있어요. 곤충들이 겨울을 어떻게 나는지 살펴보아요.	48쪽~51쪽
한살이가 무엇인지, 한살이 방법은 어떻게 나뉘는지 알 수 있어요. 나비와 나방의 한살이에 대해 자세히 알아볼 수 있어요. 그 밖에 잠자리, 사슴벌레, 벌, 물방개, 나비, 매미 들 여러 가지 곤충의 한살이도 함께 살펴보아요.	16쪽, 20쪽, 28쪽, 32쪽 58쪽, 78쪽, 84쪽
곤충인 것과 곤충 아닌 것이 무엇인지 개념을 알고, 여러 가지 곤충의 모습을 자세히 살펴볼 수 있어요.	46쪽, 126쪽~131쪽
길앞잡이, 땅강아지, 지렁이, 개미, 메뚜기, 여치, 지렁이, 귀뚜라미 들 땅에 사는 작은 동물의 생김새와 생활 방식을 알아볼 수 있어요. 물맴이나 물방개 같은 물에 사는 동물을 관찰하고 생김새와 생활 방식을 알아보세요. 나비, 잠자리, 꿀벌 들 하늘을 나는 동물의 생김새와 생활 방식도 살펴볼 수 있어요.	12쪽~17쪽, 26쪽~29쪽, 30쪽~33쪽, 56쪽~59쪽, 64쪽~67쪽, 86쪽~89쪽, 95쪽~96쪽, 107쪽, 110쪽~113쪽

책 속 부록 3

가나다로 찾아보기

ㄱ

각시메뚜기 애벌레 · 99쪽
개미 · 12쪽~15쪽, 44쪽, 65쪽, 130쪽
개미귀신 · 15쪽~16쪽, 65쪽
거미 · 22쪽~25쪽, 126쪽
공벌레 · 65쪽
귀뚜라미 · 38쪽~41쪽, 50쪽, 54쪽, 129쪽
긴수염대벌레 애벌레 · 99쪽
길앞잡이 · 17쪽, 49쪽, 95쪽, 107쪽, 127쪽
깡충거미 · 23쪽
꼽등이 · 52쪽~55쪽, 129쪽
꽃게거미 · 23쪽
꽃등에 · 57쪽, 59쪽, 131쪽
꿀벌 · 26쪽~29쪽, 59쪽, 130쪽

ㄴ

나비 · 49쪽~51쪽, 56쪽~59쪽, 84쪽, 99쪽~100쪽, 126쪽
날도래 애벌레 · 34쪽~37쪽, 126쪽
남생이무당벌레 · 43쪽
넓적사슴벌레 · 19쪽
노린재 · 90쪽~93쪽, 101쪽, 127쪽
누에 · 68쪽~71쪽, 126쪽

ㄷ

딱정벌레 · 106쪽~109쪽
땅강아지 · 65쪽, 95쪽~96쪽, 130쪽
땅거미 · 23쪽, 65쪽
뚱보귀뚜라미 · 39쪽
띠우묵날도래 애벌레 · 35쪽

ㅁ

말매미 · 77쪽
말벌 · 29쪽, 49쪽
매미 · 65쪽, 76쪽~79쪽, 97쪽, 129쪽
매미나방 애벌레 · 99쪽
메뚜기 · 86쪽~89쪽
모기 · 118쪽~121쪽, 131쪽
무당벌레 · 42쪽~45쪽, 84쪽
문닫이거미 · 23쪽
물맴이 · 31쪽, 128쪽
물방개 · 30쪽~33쪽, 127쪽
물벌 · 37쪽
물장군 · 31쪽, 127쪽

ㅂ

바퀴 · 53쪽, 102쪽~105쪽, 130쪽
박각시 번데기 · 95쪽
반딧불이 · 72쪽~75쪽, 128쪽
방아깨비 · 87쪽
방울벌레 · 39쪽
벼메뚜기 · 84쪽, 87쪽, 129쪽

ㅅ

사립문거미 · 23쪽
사마귀 · 49쪽~50쪽, 80쪽~84쪽, 130쪽
사슴벌레 · 18쪽~21쪽, 49쪽~50쪽, 97쪽, 99쪽, 117쪽, 127쪽
산왕거미 · 23쪽
섬서구메뚜기 · 87쪽
소금쟁이 · 31쪽, 127쪽

소똥구리 • 60쪽~63쪽, 128쪽
송장벌레 • 107쪽~108쪽, 128쪽
수채 • 32쪽, 119쪽
쌀바구미 • 53쪽

ㅇ

알락귀뚜라미 • 39쪽
애매미 • 77쪽
애사슴벌레 • 19쪽
여치 • 89쪽, 129쪽
연가시 • 55쪽
유지매미 • 77쪽
왕귀뚜라미 • 39쪽

ㅈ

잠자리 • 16쪽, 49쪽, 51쪽, 81쪽, 84쪽 101쪽, 110쪽~113쪽, 130쪽
장구벌레 • 119쪽
장수풍뎅이 • 21쪽, 95쪽
줄박각시 애벌레 • 100쪽
지렁이 • 49쪽, 64쪽~67쪽, 131쪽
진딧물 • 43쪽~44쪽, 129쪽
쥐며느리 • 53쪽

ㅊ

참매미 • 77쪽
칠성무당벌레 • 43쪽~45쪽, 57쪽, 128쪽

ㅋ

콩중이 • 87쪽
큰남생이잎벌레 애벌레 • 101쪽

ㅌ

털귀뚜라미 • 39쪽

ㅍ

폭탄먼지벌레 • 109쪽
풀거미 • 23쪽
풀무치 • 87쪽
풀색꽃무지 • 97쪽, 107쪽

ㅎ

하늘소 • 50쪽, 97쪽, 114쪽~117쪽, 128쪽
홍다리사슴벌레 • 19쪽
흰점박이꽃무지 애벌레 • 95쪽

할머니 집을 찾아 줘! 정답

꼭꼭 숨은 다른 그림을 찾아라! 정답

개똥이네 책방 33
벌레야, 하룻밤만 재워 줘
알면 알수록 신기한 곤충 세계

2017년 11월 27일 1판 1쇄 펴냄 | 2020년 6월 8일 1판 3쇄 펴냄
글 보리 | **그림** 권정선 | **감수** 김태우
편집 김로미, 김성재, 박세미, 이경희 | **디자인** 김은미 | **제작** 심준엽
영업 안명선, 양병희, 조현정, 최민용 | **잡지 영업** 이옥한, 정영지 | **새사업팀** 조서연
대외 협력 신종호, 조병범 | **경영 지원** 임혜정, 한선희
분해와 인쇄 (주)로얄프로세스 | **제본** 과성제책
펴낸이 유문숙 | **펴낸 곳** (주)도서출판 보리 | **출판 등록** 1991년 8월 6일 제9-279호
주소 (10881) 경기도 파주시 직지길 492 | **전화** 031-955-3535 | **전송** 031-950-9501
누리집 www.boribook.com | **전자우편** bori@boribook.com

© 보리, 권정선, 2017
이 책의 내용을 쓰고자 할 때는, 저작권자와 출판사의 허락을 받아야 합니다. 잘못된 책은 바꾸어 드립니다.

값 16,000원
보리는 나무 한 그루를 베어 낼 가치가 있는지 생각하며 책을 만듭니다.
ISBN 978-89-8428-985-7 73490

이 도서의 국립중앙도서관 출판시도서목록(CIP)은 서지정보유통지원시스템 홈페이지(http://seoji.nl.go.kr)와
국가자료공동목록시스템(http://www.nl.go.kr/kolisnet)에서 이용하실 수 있습니다. (CIP제어번호 : CIP2017029561)
한국출판문화산업진흥원의 출판콘텐츠 창작자금을 지원받아 제작되었습니다.

제품명 : 도서 제조자명 : (주) 도서출판 보리 주소 : (10881) 경기도 파주시 직지길 492 전화번호 : (031) 955-3535
제조년월 : 2020년 6월 제조국 : 대한민국 사용연령 : 8세 이상 주의사항 : 책의 모서리가 날카로우니 다치지 않게 주의하세요.
KC 마크는 이 제품이 공통안전기준에 적합하였음을 의미합니다.